ABUNDANCIA

EL CAMINO INTERIOR HACIA LA RIQUEZA

ABUNDANCIA

EL CAMINO INTERIOR HACIA LA RIQUEZA

Deepak Chopra, MD

Traducido por
Karina Simpson

Grijalbo

Abundancia
El camino interior hacia la riqueza

Título original: *Abundance. The Inner Path to Wealth*

Primera edición: diciembre, 2023

© 2022 by Deepak Chopra

Esta traducción se publicó por acuerdo con Harmony Books, un sello
editorial de Random House, división de Penguin Random House LLC.

© 2023, derechos de edición para México, América Latina y Estados Unidos, en lengua castellana:
Penguin Random House Grupo Editorial, S. A. de C. V.
Blvd. Miguel de Cervantes Saavedra núm. 301, 1er piso,
colonia Granada, alcaldía Miguel Hidalgo, C. P. 11520,
Ciudad de México
© 2023, Penguin Random House Grupo Editorial USA, LLC
8950 SW 74th Court, Suite 2010
Miami, FL 33156

penguinlibros.com

© 2023, Karina Simpson, por la traducción

ISBN: 979-88-909801-6-8

Impreso en Colombia – *Printed in Colombia*

23 24 25 26 27   10 9 8 7 6 5 4 3 2 1

A todos los que visualizan la abundancia infinita

ÍNDICE

Introducción. La abundancia y el camino interior................... 11

PRIMERA PARTE
El Yoga del dinero

El dharma y el dinero.. 23
El dinero y el trabajo.. 45
El flujo de la inteligencia creativa 61
Conciencia simple 73

SEGUNDA PARTE
Encuentra tu abundancia

TERCERA PARTE
Los dones de la inteligencia creativa

El sistema de chakras 111
Chakra 7: La fuente de la felicidad.. 123
Chakra 6: La inteligencia más elevada 135

Chakra 5: Palabras mágicas 163

Chakra 4: Emociones del corazón 185

Chakra 3: Acción poderosa 211

Chakra 2: El camino del deseo 233

Chakra 1: Totalmente enraizado 259

Epílogo: Nuestro futuro espiritual juntos 281

Agradecimientos 287

Índice analítico 289

INTRODUCCIÓN

La abundancia y el camino interior

Hay muchos libros sobre cómo ganar dinero, pero creo que este es único porque despliega un camino interior hacia la abundancia. Quiero que el lector descubra que la abundancia es un estado de conciencia. La conciencia es infinita y, por lo tanto, tiene infinitos regalos que ofrecer. Esta es una antigua verdad que se encuentra en el corazón del sistema del Yoga en la India. Mucho más que los ejercicios que se enseñan en la clase de yoga (no forman parte de este libro), las verdades del Yoga se aplican a todo tipo de realización en la vida, incluida la realización material o la riqueza. *Yoga* es una palabra magnífica, y lo que hay detrás de su significado es una visión todavía más magnífica. En sánscrito, la palabra *Yoga* significa unir o juntar. La palabra inglesa *yoke* (yugo) deriva de ella, pero mientras que *yoke* nos trae a la mente la imagen de un carro medieval tirado por una yunta de bueyes, *Yoga* ilumina una realidad totalmente nueva. En esta realidad, las cosas que normalmente pensamos mantener separadas están unidas.

Las dos cosas más grandes que mantenemos separadas son los dos mundos que cada uno de nosotros habita. Un mundo está "ahí fuera", el mundo físico de las cosas y las otras personas. El otro es el mundo "aquí dentro", donde la mente está constantemente activa, produciendo pensamientos y sensaciones. El propósito del Yoga es unir estos dos mundos. Si puedes hacerlo, serás feliz y tendrás éxito.

El Yoga surgió de la antigua cultura védica que ha guiado la vida de la India durante siglos, incluyendo al dinero, ciertamente no por motivos espirituales. *Artha* se establece como el primer logro en la vida; la palabra en sánscrito *Artha* significa "riqueza". Siguiendo los principios del Yoga, llevarás la vida que estás destinado a vivir: una vida de sustentabilidad, abundancia y alegría. Y a lo largo del camino, vendrá a ti el dinero necesario para mantener esta vida.

Esto te da una idea de por qué la visión del Yoga es tan magnífica. En un nivel más profundo, el Yoga trata de la iluminación. Pero para los propósitos de este libro, lograr la felicidad y el éxito es suficiente, un objetivo digno que el Yoga puede alcanzar de forma mucho más simple, rápida e indolora de lo que quizá imaginas.

Dadas las duras realidades, sobre todo en estos tiempos difíciles, la mayoría de la gente sería escéptica respecto a la parte de "el dinero vendrá" de esta promesa. El dinero es la principal preocupación en la vida de la gente, según los encuestadores. Lejos de ser suministrado automáticamente, el dinero implica trabajo duro y lucha. Para sobrevivir hay que tener dinero; para prosperar se necesita aún más. Sin embargo, incluso en las economías occidentales más ricas, según los datos recogidos por la Organización Gallup, solo alrededor de un tercio de los encuestados dice que está prosperando.

La clave para dejar de preocuparse por el dinero no es trabajar más y prepararse para la lucha diaria, hasta que llegue un día futuro en el que te puedas jubilar y relajarte con una sensación de seguridad. Ese día, que antes se esperaba a la edad de 65 años, se ha ido alejando cada vez más. Muchas personas, incluso con muy buenas perspectivas económicas, prevén trabajar hasta los 70 u 80 años. Tampoco existe ninguna garantía de que la jubilación traiga consigo una sensación de seguridad, y mucho menos de bienestar. La vejez es una apuesta en todos los frentes, pero principalmente en el frente de la salud y del dinero. Si tienes ambas cosas, habrás conseguido algo verdaderamente raro: un mañana próspero, cuando la mayoría de la gente no ha alcanzado la prosperidad hoy.

Pensar que "el dinero llegará" implica un enfoque muy diferente hacia el tema del dinero. Se requiere un cambio de conciencia, y no es posible imaginar un cambio mayor, porque los dos mundos —el de aquí y el de fuera— se unen. Cuando esto sucede, la vida fluye por un camino oculto. No estás gobernado por el camino exterior del trabajo, las finanzas, la familia, las relaciones, los deberes y las exigencias. Por otro lado, no te gobiernan las creencias internas, los viejos condicionamientos, las preocupaciones, los caprichos, la confusión, los conflictos y los demás elementos discordantes de la psique. Cada mundo es solo la mitad de la realidad. Si mantienes las dos mitades separadas, no puedes estar completo. Estarás dominado por tus circunstancias externas o por tus conflictos internos.

El objetivo del Yoga, al unir los dos mundos de adentro y de afuera, es armonizarlos. Esto solo puede ocurrir en la conciencia. Solo puedes cambiar aquello de lo que eres consciente. Al ser más consciente, puedes encontrar el camino oculto que une lo que realmente eres con la vida que estás destinado a vivir. El dinero vendrá porque recibir lo que realmente necesitas y deseas no se deja a la divina Providencia, al buen karma del dinero, a los caprichos de la vida o a los caprichos de la fortuna. En resumen, un estado de conciencia trae la felicidad y el éxito, con el dinero necesario para las dos cosas.

El Yoga no suele estar vinculado con el dinero, lo sé. En Occidente solo se conoce una rama del Yoga: el hatha yoga. Se trata de la práctica física identificada con la clase de yoga, que está gozando de una ola de popularidad desconocida en el pasado (yo mismo me he aficionado a ella con un entusiasmo desmedido). No nos ocuparemos del hatha yoga en estas páginas, pero si lo practicas o lo has investigado, sabrás que las posturas que se enseñan en el hatha yoga consisten en alcanzar un estado centrado de mente y cuerpo. Esto se ajusta a la visión general del Yoga, que consiste en unir dos cosas que normalmente mantenemos separadas. En aras de la claridad, escribiré *Yoga* con mayúscula cuando me refiera a la visión general, reservando las minúsculas, *yoga*, para las prácticas que se enseñan en las clases de yoga.

Es cierto, como dice el refrán, que el dinero no puede comprar la felicidad. Pero la pobreza puede comprarte la miseria. Creo que equiparar la pobreza con la espiritualidad es un gran error. Vivir con necesidades sencillas, desprenderse de las exigencias del mundo y reservar la mayor parte de las horas de vigilia a las actividades espirituales tiene sus virtudes, y no es que mucha gente, de Oriente o de Occidente, elija una vida así. Pero la pobreza no te hace rico en espíritu, ya sea una pobreza voluntaria elegida por pureza o una pobreza forzada de la que no puedes escapar.

El verdadero objetivo de la vida es el mismo para todos: conectar con la generosidad del espíritu y permitir que te proporcione todo lo que necesitas. ¿La necesidad es lo mismo que el deseo? ¿El Yoga hará realidad todos tus deseos y te colmará de riquezas? Esas son preguntas equivocadas. El Yoga aporta alegría interior, que es la única medida verdadera del éxito. Cuando nos entregamos a las fantasías y a la realización de nuestros deseos por encima del dinero, estamos compensando la falta de alegría.

La primera parte de este libro aborda el tema del dinero y la riqueza. La segunda parte cubre todos los aspectos de la abundancia. Del Yoga derivamos las cosas que más valoramos —el amor, la compasión, la belleza, la verdad, la creatividad y el crecimiento personal— en la conciencia. Cuanto más consciente seas, más capaz serás de acceder a esas cosas en abundancia. La tercera parte del libro llega al nivel más profundo del Yoga, donde la conciencia de la dicha surge del campo de las posibilidades infinitas. Esta parte se centra en el sistema de chakras, los siete niveles en los que la conciencia puede afinarse y despertarse por completo.

Si el Yoga puede aportar alegría aquí y ahora, lo que necesitas y lo que deseas se armonizarán porque toda tu existencia será armoniosa. Con esta visión tan completa en mente y todo lo que hay que lograr, comencemos.

PRIMERA PARTE

El Yoga del dinero

El Yoga nos proporciona la mejor manera de hacer y manejar dinero, de darle su verdadero valor y de utilizarlo para alcanzar el éxito y la felicidad. Sé que esta afirmación suena sorprendente. La espiritualidad hindú se identifica con la renuncia y el desapego al mundo. Nuestra imagen típica es la de un ermitaño de barba blanca, meditando en una cueva en lo alto del Himalaya. Pero, en realidad, el Yoga no es espiritual en el sentido religioso. El Yoga es la ciencia de la conciencia.

Cuando sabes cómo se comporta realmente la conciencia, descubres que ocurre algo sorprendente: cambias con ella. Aprender sobre cualquier otra cosa no tiene este efecto dramático. Puedes estar entusiasmado, incluso encantado, de aprender sobre cualquier otra cosa —historia, geografía, física, etcétera—, pero no cambiarás por dentro; no experimentarás la transformación personal que provoca el Yoga.

Hay una conexión inmediata con el dinero, por extraño que parezca a primera vista. En el nivel del alma hay generosidad de espíritu. Esto se manifiesta como lo siguiente:

- Abundancia infinita
- Posibilidades infinitas
- Creatividad ilimitada

- Misericordia, gracia y bondad amorosa
- Amor eterno
- Dar sin límites

Estos dones son innatos y la conciencia humana está diseñada para expresarlos. Si los encarnas en tu propia vida, eres rico en el sentido más estricto de la palabra. Medir la riqueza solo por el dinero es espiritualmente vacío. (No sé nada de reggae, pero el gran músico de reggae Bob Marley habló como un yogui cuando dijo: "Algunas personas son tan pobres que todo lo que tienen es dinero").

Para conseguir una riqueza duradera, la que da sentido, valor y sustento a tu vida, es preciso que bases tu existencia diaria en la generosidad del espíritu. Todo lo demás que desees vendrá por sí solo.

Una vez que establezcas la conexión entre la conciencia y el dinero habrás entrado en el camino correcto. El dinero no es todo el oro de Fort Knox ni todos los billetes que están en los bolsillos y los monederos. El dinero es una herramienta de la conciencia. Por lo tanto, tu estado de conciencia determina cómo ves el dinero, cómo lo obtienes y para qué lo utilizas. La conciencia siempre está en movimiento, y el dinero también. La conciencia nos motiva a buscar más en la vida; el dinero sigue este viaje y facilita el camino si tienes suficiente.

Si cambias tu actitud y dejas de lado el dinero como objetivo, y en su lugar te propones obtener más de la vida, tendrás el apoyo de la conciencia. En el Yoga este apoyo viene del *dharma*, palabra que proviene de un verbo en sánscrito que significa "sostener o apoyar". Si estás en tu dharma, como se suele decir, la abundancia llega. Si estás fuera de tu dharma, experimentas carencia. Sin el apoyo de la conciencia no puedes conseguir nada valioso.

El concepto que subyace al dinero es poderoso, y una vez que se impuso (los arqueólogos sitúan el primer dinero en el *shekel* [siclo] mesopotámico, hace unos 5 000 años), el dinero explotó como idea. Detrás de la vida moderna la idea sigue floreciendo. El dinero es considerado como un invento de la mente y cumple cuatro cosas diferentes que son necesarias para la sociedad humana. El dinero nos sirve como recompensa, valor, necesidad e intercambio. Haz una pausa y considera por qué necesitas personalmente el dinero, y verás que las cuatro cosas están presentes en tu vida.

Recompensa. El dinero que se pone en la tarjeta de cumpleaños de un niño, el salario que se paga a cada trabajador y la propina que se le deja al mesero en un restaurante son recompensas.

Valor. El dinero que se introduce en la tarjeta de cumpleaños es pura donación, no necesita ganarse, pero transmite que el niño que recibe el dinero es valorado. El sueldo que gana una persona expresa el valor de su trabajo, y para muchos se convierte en una forma de medir su autoestima.

Necesidad. Vivimos en una economía de servicios que existe para satisfacer las necesidades de la gente, mucho más que para proporcionar necesidades físicas. Cuando requieres un médico, una educación universitaria, un juego de neumáticos nuevos y mil cosas más, el dinero te proporciona lo que necesitas, incluso cosas aparentemente superfluas, como la nueva moda en tenis deportivos de la temporada o una televisión de pantalla plana más grande.

Intercambio. El dinero compensa la diferencia entre dos artículos que no coinciden en valor. Si tú tienes una bicicleta de montaña en venta y yo solo tengo una docena de huevos para ofrecer como trueque, hay que intercambiar dinero para que el trato sea justo.

Todas estas ideas, y muchas más que giran en torno al dinero, son producto de la conciencia. Esto es fácil de demostrar. El Yoga añade un ingrediente que falta y que resulta ser muy importante. El Yoga enseña que cuanto más te acercas a la fuente de la conciencia, más poder tiene tu conciencia. Al traducir este poder en cosas que deseas, y en el dinero para pagarlas, transformas la conciencia en riqueza.

El dinero no se puede separar de esta maraña de buenas y malas elecciones. Como está ligado a todo lo que necesitamos, valoramos, recompensamos e intercambiamos, el dinero en realidad es la moneda de la conciencia. Se gana y se gasta la alegría, se experimenta el amor, la amistad, la familia, el trabajo, la oportunidad, el éxito y el infortunio, y el dinero siempre está en algún lugar de la mezcla.

Tal como lo ve el Yoga, la conciencia es creativa. Da a la mente pensamientos, sentimientos, inspiraciones, descubrimientos, ideas, momentos "¡ajá!" y todo lo que valoramos, incluyendo el amor, la compasión, la alegría y la inteligencia. Cuanto más cerca estés del manantial silencioso de la conciencia que hay en tu interior, más beneficios recibirás. En la tradición judeocristiana, estos beneficios se tradujeron en los arrebatos de un Dios misericordioso o de la Providencia. Pero el Yoga mantuvo el enfoque en el yo, no en un poder divino exterior.

Al mantener el enfoque en el yo, no somos simplemente primates superiores, sino la expresión de la conciencia pura e infinita. Existimos para realizar cualquier posibilidad creativa que deseemos perseguir. En el Yoga no hay juicios de valor. Se trata de la ciencia de la conciencia, no de un conjunto de reglas morales. Todos los deseos son iguales en el instante en que nacen en nuestra conciencia. Sin embargo, el tipo de deseo que es bueno para nosotros es nuestra responsabilidad personal.

El dharma y el dinero

La generosidad del espíritu es infinita. Por lo tanto, nada es más natural que la abundancia. Lo que no es natural es la escasez, la carencia y la pobreza. Sé que son palabras fuertes. Todo tipo de creencias giran en torno a los ricos y los pobres, los que tienen y los que no. Las fuerzas sociales a menudo actúan en contra de los pobres, y en ningún caso estoy culpando a nadie ni haciendo un juicio de valor. Por debajo de toda la desigualdad y la injusticia, el espíritu no se ve perjudicado, ni siquiera afectado. Toma una instantánea de la vida de cualquier persona en cualquier parte del mundo, y hay un camino del dharma que el espíritu apoyará. Siempre es un camino interior y, sin embargo, pocas personas, ya sea de Oriente o de Occidente, ricas o pobres, entienden cómo acceder a su derecho de nacimiento espiritual. El Yoga es el almacén del conocimiento necesario para que cualquier persona pueda vivir realmente la vida que está destinada a vivir, en plenitud y abundancia *desde el interior*.

La clave de la riqueza es estar en tu dharma, permanecer en el camino que es mejor para ti. "Lo mejor para ti" no está definido de antemano. Tienes una elección, y de hecho has estado haciendo elecciones durante toda tu vida, las cuales te han llevado a este momento. Mira a tu alrededor, y notarás que la situación en la que te encuentras fue creada por tu mente. Las apariencias físicas de una casa, un trabajo, posesiones, salario, cuenta bancaria, etcétera, son el resultado de la conciencia. En sí mismas, las cosas materiales no tienen ningún valor intrínseco. Una mansión puede ser un lugar lleno de infelicidad, una casa de campo puede estar llena de alegría. Un trabajo puede ser una fuente de realización personal o una molestia. Tu sueldo puede aportarte lo que quieres de la vida o apenas mantenerte a flote.

Si quieres más de la vida, construye una visión que apoye el dharma. Dentro de un momento te pediré que escribas tu visión personal del éxito, la riqueza y la realización. Pero antes de que eso pueda ser útil, debes saber qué valores apoya el dharma y cuáles no.

EL DHARMA TE APOYARÁ SI...

Te propones ser feliz y realizarte.

Te entregas a los demás.

Haces que el éxito de los demás sea tan importante como el tuyo.

Actúas por amor.

Tienes ideales y vives de acuerdo con ellos.

Eres pacífico.

Te inspiras a ti mismo y a las personas que te rodean.

Eres autosuficiente.

Escuchas y aprendes.

Amplías tus opciones.

Asumes responsabilidades.

Sientes curiosidad por las nuevas experiencias.

Tienes una mentalidad abierta.

Te aceptas a ti mismo y sabes lo que vales.

Como estar en tu dharma es la forma más natural de vivir, estas cosas son igual de naturales y fáciles de seguir. Pero la vida moderna no nos guía de acuerdo con lo que es dhármico, y a menudo es todo lo contrario. Estamos influenciados para creer en una forma de vida que produce estrés, distracción, infelicidad y estimulación constante. Estos resultados se producen cuando se vive en la superficie de la conciencia. En la superficie hay un juego constante de demandas y deseos que no tienen raíces profundas. Su valor espiritual es nulo, lo que significa que no hay conexión con el dharma.

El Yoga expone la realidad de cómo funciona la conciencia. Después, cada uno de nosotros puede decidir vivir como quiera. Puedes arreglártelas sin saber nada de cómo funciona tu coche; es solo una máquina útil y reemplazable. Pero saber muy poco sobre cómo funciona el dharma causa muchos problemas. Inconscientemente, todos trabajamos en contra del apoyo del espíritu de las siguientes maneras:

EL DHARMA NO PUEDE AYUDARTE SI...

Solo te preocupas por ti mismo.

Dependes de los demás.

Haces algo deshonesto.

Culpas a los demás de tus dificultades.

Estás desesperado por volverte rico.

Antepones el éxito material a la felicidad.

Ignoras las necesidades de las personas que te rodean.

Tienes la certeza de que siempre tienes la razón.

Buscas dominar y controlar a los demás.

Ignoras tu nivel de estrés.

No tienes amor.

Careces de empatía y cariño.

Tomas más de lo que das.

Eres obstinado y de mente cerrada.

Casi siempre, evitar estas cosas en general no es difícil para la mayoría de las personas. Lo que puede deslizarse invisiblemente en tu existencia diaria son los pequeños actos de egoísmo, el desprecio casual por los demás, la tendencia a echar la culpa y el hábito de tomar más de lo que se da. El dharma no te pide que seas un santo. Te pide que seas consciente. Cuando eres consciente de todo lo que el espíritu puede darte, estar en tu dharma es una fuente de alegría.

El tipo de conciencia más valioso es la conciencia de ti mismo, porque tu dharma no está guiado por deseos superficiales, sino por tu verdadero yo, el que está conectado con tu fuente en el espíritu. A lo largo de los años he pedido a la gente que eleve la conciencia de sí misma respondiendo a una serie de preguntas que llegan al corazón de su propósito de estar aquí. Antes de continuar, te invito a que construyas tu propio "perfil del alma", como yo lo llamo. Después hablaremos de lo que revela.

LEER EL PERFIL DE TU ALMA
Cómo escuchar a tu verdadero yo

Alcanzar la riqueza estando en tu dharma te mantiene en el camino que es correcto para ti. Este camino es para que tú lo definas y le des forma. ¿Cómo? Consultando tu conciencia más profunda, de donde provienen la inspiración y la sabiduría. Podemos llamar a este lugar más profundo "tu alma o tu verdadero yo". Los mensajes de este nivel alimentan las experiencias de felicidad y plenitud con más seguridad que la actividad mental que ocupa la superficie de la mente.

Mantener la conexión con el alma es la forma de permanecer en el dharma día a día.

La belleza del alma o del verdadero yo es que no tiene un horario. Puedes estar preocupado por las exigencias y los deseos de la vida, y, sin embargo, los mensajes llegan desde un nivel más profundo. Cada mensaje te recuerda silenciosamente lo que es más valioso en la vida. Todo lo más preciado de la existencia humana —el amor, la compasión, la creatividad, la sabiduría, el crecimiento interior, la comprensión, la belleza y la verdad— ya forma parte de ti. Esto es cierto sin excepción. La luz de la conciencia pura es eterna y, por fortuna, en algún nivel todos vivimos en la luz.

Lo que requieres es hacer coincidir lo que crees que eres con tu verdadero ser. No hay necesidad de esforzarse por mejorar. Tu alma te hace valioso sin medida. Ahora mismo, la principal forma en que se registran los mensajes del alma es a nivel del ego. Cuando sientes un impulso de amor, belleza, empatía, perspicacia y todo lo demás que tu alma imparte, un mensaje se ha filtrado a través de las defensas de tu ego. El ego no es más que una imitación del yo, que pretende ser lo verdadero.

RESPONDE EL CUESTIONARIO

Dicho lo anterior, el siguiente cuestionario te ayudará a abrir una conexión con quien realmente eres. En casi todos los casos, esto será lo mismo que lo que sueñas ser.

INSTRUCCIONES

Busca un lugar tranquilo, céntrate por un momento y respira profundo. Una vez que te sientas calmado y centrado, responde a las siguientes preguntas entrando en tu verdadero yo.

Sugerencia: para que no te abrumes con largas descripciones, mantén tus respuestas tan cortas como puedas. Generalmente recomiendo que respondas con solo tres palabras, pero asegúrate de que sean tres palabras significativas.

1. ¿Puedes describir una experiencia cumbre en tu vida, algo que haya sido un momento "¡ajá!" importante, un punto de inflexión o un ejemplo notable de estar "en la zona"?

   Respuesta: _____

2. En tres o cuatro palabras, ¿cuál es el propósito de tu vida?

   Respuesta: _____

3. ¿Cuál es tu contribución a tu familia que más te enorgullece?

   Respuesta: _____

4. ¿Cuáles son los tres valores más importantes que aportas a una relación?

   Respuesta: _____

5. ¿Cuáles son los tres valores más importantes que quieres recibir de una relación?

    Respuesta: _____

6. ¿Quiénes son tus tres mayores héroes/heroínas?

    Respuesta: _____

7. ¿Cuáles son tus dones, habilidades o talentos únicos?

    Respuesta: _____

8. ¿Cómo has ayudado al mundo y a las personas que te rodean?

    Respuesta: _____

9. ¿Qué harías si tuvieras todo el dinero y el tiempo del mundo?

    Respuesta: _____

10. ¿Qué es lo más importante que has querido realizar y nunca has hecho?

    Respuesta: _____

REFLEXIONA SOBRE TUS RESPUESTAS

El verdadero propósito y valor de estas preguntas es presentarte a tu verdadero yo. Si ya estás viviendo una vida que te llena, conoces muy bien tu verdadero yo. Habrá espacio para llegar más alto y vivir de acuerdo con tus ideales, incluso más de lo que ya lo has hecho, pero tus respuestas no reflejarán oportunidades perdidas y sueños desvanecidos.

La mayoría de nosotros descubrimos que solo conocemos nuestro verdadero yo a trompicones. El comportamiento inconsciente llena los vacíos la mayor parte del tiempo, permitiendo que nos identifiquemos con la imagen que proyectamos al mundo. La felicidad y la plenitud son más una inspiración fugaz que una realidad cotidiana.

Pero, en el nivel de nuestro verdadero yo, estamos conectados con nuestro dharma, que apoya la vida que estamos destinados a vivir. A pesar de los altibajos que experimentamos ahora, nuestro dharma está ahí esperando a que hagamos contacto.

Vale la pena que guardes tus respuestas y vuelvas a tu perfil del alma con regularidad. Nadie más que tú puede hacerte una revisión interior. Responder a estas preguntas de forma seria y reflexiva te pone en contacto con una realidad más profunda, y esto amplía tu conciencia de ti mismo. Tu verdadero yo sabe que quieres tener una conexión duradera con él, y si te centras en tu perfil del alma, esa conexión solo puede profundizarse.

EL KARMA DEL DINERO

El dharma trabaja para apoyarte en tu intención de ser rico y exitoso: primero en el interior y luego a través de los reflejos que la vida te devuelve. El Yoga enseña que los dos mundos que ocupamos, el de aquí y el de afuera, son dos aspectos de una misma realidad. Un famoso sutra, o axioma, del Yoga dice: "Tal como eres, así es el mundo". Los reflejos exteriores son el resultado de tus intenciones. Es evidente que algunas personas tienen mejores reflejos que otras. Si quieres tener dinero, pero tus circunstancias son mucho menos que ideales, algo ha fallado. Lo que querías y lo que tienes no están en sincronía.

El culpable es el karma, que vive en la brecha que hay entre la intención y el resultado. Detente un momento para considerar tus éxitos y contratiempos hasta ahora. Todas las vidas tienen ambas cosas, incluso las más ricas y glamorosas (por eso nos fijamos con tanta avidez en los famosos, para soñar con una existencia ideal, mientras nos aseguramos de que los ídolos populares tienen problemas tan graves como los nuestros).

El karma es la razón por la que le ocurren cosas malas a la gente buena. En la sociedad secular moderna esto suena mal. Las cosas malas suceden por todo tipo de razones, incluidos los accidentes aleatorios, que no tienen ninguna razón. Pero la doctrina del karma abarca tanto lo bueno como lo malo. El karma también es el motor que hace lo contrario: brinda riqueza y poder a los que no lo merecen. Esto hace que la configuración kármica parezca muy injusta. La mente racional no vería las cosas de esta manera en absoluto. Siempre existe el riesgo de culpar a la víctima inocente o de pasar por alto los pecados de los ricos y poderosos.

Sin embargo, la doctrina del karma no justifica que la vida sea justa o injusta. El karma simplemente se trata de los resultados sobrantes de nuestras acciones pasadas: en sánscrito, la palabra *karma* significa "acción". Un aire de misterio rodea toda la noción de karma bueno y malo, pero en la vida cotidiana dependemos totalmente del karma, porque es lo mismo que causa y efecto. Si la conexión entre causa y efecto no existiera, nada sería predecible. Sería un mundo extraño si el hielo se incendiara de pronto o si el chocolate supiera a pescado.

Cuando la gente se refiere al buen karma y al mal karma, lo que generalmente tiene en mente es la buena o la mala suerte. De repente, alguien gana una fortuna en la lotería o, en el otro extremo, pierde todo lo que tiene cuando la economía se hunde. En un nivel superior de complejidad, el karma implica algo más: donde la suerte parece accidental, el karma se entreteje en el complejo esquema de causa y efecto. Una vez que se provoca algo, el efecto es inevitable. Parece como si el karma, que lleva la cuenta de todas tus acciones —buenas y malas— te siguiera, manteniéndote atrapado en situaciones de las que quieres escapar, a veces con desesperación.

¿Existe algo así, una fuerza invisible que anula nuestras mejores intenciones o que trae recompensas repentinas casi sin esfuerzo? Ese nunca fue el propósito de la teoría del karma, que no implica una fuerza fatídica más allá de nuestro control. La acción ciertamente está bajo nuestro control, y lo único que añade la doctrina del karma son las consecuencias imprevistas, lo cual no es un concepto ajeno o exótico.

Si se observa cada acción que se ha realizado, junto con la consecuencia de cada acción, la suma total es el karma personal. ¿Se puede hacer este cálculo? No, no en el curso de la vida cotidiana, porque hay demasiadas acciones enredadas con demasiadas consecuencias como para calcularlas. (En el hinduismo también existe el factor de las acciones realizadas en una vida anterior, pero no abordaremos la reencarnación, que para nuestros fines es irrelevante: las acciones que realizas en tu vida actual te suponen un reto bastante grande).

El karma solo se vuelve práctico en la vida diaria si lo reduces a factores que puedes cambiar. Aplicado a tus circunstancias actuales, tu karma se reduce a lo siguiente:

* Hábitos
* Reacciones y reflejos automáticos
* Comportamiento inconsciente
* Rasgos de carácter
* Predisposiciones, incluyendo dones y talentos

Como puedes ver, hay una gran cantidad de patrones de comportamiento que podemos llamar "kármicos", no porque sean inherentemente dañinos, sino porque no tienen una causa obvia. El karma no puede asignar una causa al genio de Mozart o a los déficits de atención de un niño con dificultades en la escuela, ni siquiera una causa por la que algunas personas son siempre alegres y otras siempre sombrías. La psicología moderna tampoco ofrece respuestas fiables. Las disposiciones innatas, como el talento musical, no son genéticas: un genio de la música como Leonard Bernstein ni siquiera procedía de una familia de músicos, y es famoso por desafiar a su padre Sam, que deseaba que vendiera productos para el cabello.

Genios de todo tipo han nacido en familias completamente normales. Lo mismo ocurre, como lo saben todas las madres, con el comportamiento de los bebés. El íntimo vínculo entre la madre y el bebé la pone en situación de ver cómo surgen la personalidad y el carácter desde el primer día, y aparecen signos reveladores que darán sus frutos cuando el niño crezca.

Si el karma no ofrece explicaciones, ¿cómo puede ser útil? Su principal utilidad es darte la opción de vivir inconsciente o conscientemente. Piensa en la primera categoría kármica: los hábitos. No hace falta decir lo difícil que es dejar un mal hábito, y a veces toda una sociedad adopta uno, como en la actual epidemia de obesidad. Casi todo lo que se asocia a comer en exceso —la falta de control de las porciones, picar a deshoras, el consumo de comida rápida grasosa y azucarada y el estilo de vida sedentario— se desarrolla de forma inconsciente. La naturaleza de los hábitos nos lleva a ellos sin darnos cuenta hasta que nosotros o alguien más se percata de ellos, y para entonces es probable que el hábito esté profundamente arraigado.

Los estudios han demostrado repetidas veces que un pequeño porcentaje de personas que hacen dieta, alrededor de 2%, logran perder tan solo dos kilos y mantenerlos durante dos años (el otro 98% no pierde peso o lo pierde para volver a ganarlo). Esta lamentable estadística demuestra el poder del comportamiento inconsciente. No hay ningún misterio kármico de por medio, pero eso no reduce el poder de una fuerza kármica que generamos por nuestra cuenta a través de años de hábitos inconscientes.

Saber que comes en exceso o ver que te ves más gordo en el espejo no es lo mismo que ser consciente de una solución. Tan solo te estás haciendo consciente al nivel del problema. El karma se supera yendo al nivel de la solución y encontrando claridad. En el caso de comer en exceso, la gente intenta todo tipo de soluciones que no rompen el hábito, en gran medida porque los patrones kármicos son constantes, mientras que el deseo de comer menos va y viene, sujeto a cómo se sienta la persona en cada momento.

Si se examina el problema más de cerca, es inútil seguir luchando en una guerra con uno mismo. Esto lleva a la vacilación, a la recriminación y a un escaso o nulo progreso hacia la solución, por mucho que te jures a ti mismo que vas a aprovechar tu membresía del gimnasio. Comer en exceso suele resolverse por uno o dos métodos. O bien la persona se despierta un día, dice "ya basta" y lleva a cabo el proceso al descubrir de repente que la tentación de comer en exceso ha desaparecido. La otra posibilidad, mucho más común, es que la persona reduzca el problema a un asunto de calorías, decida contar rigurosamente cada bocado ingerido en un día y registrar las calorías en un cuaderno para evitar trampas y lapsos inconscientes.

He utilizado el ejemplo de un hábito común para ilustrar algo crucial: *el karma solo cambia si encuentras la forma de ser más consciente.* Luchar contra cualquier tipo de karma equivale a luchar contra uno mismo. Si los impulsos beligerantes de tu interior pudieran llegar a una tregua, lo habrían hecho hace mucho tiempo. Lo sabes por los impulsos que ya has logrado equilibrar. Tomemos cualquier problema personal serio —fobias, preocupaciones, ira desbocada, envidia, dudas, timidez, depresión, una relación abusiva, padres poco cariñosos— y verás que algunas personas encontrarán sus vidas drásticamente obstaculizadas por dicho problema, mientras que otras lo resolverán y seguirán adelante.

El karma no es inexorable. Si estás atorado, el remedio para desatorarte está siempre al alcance de la mano a través del conocimiento de ti mismo. A continuación se enumeran los problemas de dinero más comunes que pueden denominarse kármicos.

CUESTIONARIO
¿Cuál es tu karma monetario?

Responde a cada uno de los siguientes puntos en una escala de 1 a 10, donde:

1 = No es un problema

5 = Ocasionalmente es un problema

10 = Es un problema grave

_____ Te resulta difícil cuadrar tu chequera mensual.

_____ Tienes deudas de tarjetas de crédito.

_____ Tienes deudas bancarias o estudiantiles de larga duración.

_____ Tu hipoteca es demasiado alta para tus ingresos.

_____ No planificas seriamente tu jubilación.

_____ Gastas en lujos, normalmente por impulso.

_____ Tienes gustos lujosos sin tener los ingresos correspondientes.

_____ Discutes por dinero con tu cónyuge o pareja.

_____ Te preocupas por tu futuro financiero.

_____ No ves la forma de salir de tus dificultades financieras actuales.

_____ Vives día a día con tu sueldo, llegando apenas a fin de mes.

_____ Prevés gastos que no puedes afrontar, como pagar la educación de un hijo o ingresar a un familiar mayor en una residencia de retiro.

_____ Nunca has sido capaz de ahorrar dinero.

_____ Aprender sobre finanzas e inversiones está más allá de ti, o no te importa lo suficiente como para intentarlo.

_____ Te has retrasado en el pago de tus impuestos.

_____ No aceptas consejos financieros cuando te los ofrecen.

_____ Consideras que el dinero es un tema prohibido.

_____ Gastas en cosas de las que luego te arrepientes.

_____ Desapruebas la forma en que tu pareja o cónyuge gasta el dinero.

_____ Estás resentido por tu bajo salario en el trabajo.

Puntuación total _____

EVALÚA TU PUNTUACIÓN

Si eres perfecto con el dinero, al darte una puntuación de 1 en cada uno de los 20 puntos, es probable que no existas. Ser perfecto es tan poco probable como tener una puntuación de 10 en cada uno de los 20 puntos.

La mayoría de la gente se encontrará en torno a una media de 5 x 20 puntos = 100. En otras palabras, tus finanzas son habitualmente una preocupación si las examinas con claridad. Algunas cosas funcionan bien, mientras que otras no. El punto no es realmente un total numérico, sino aquellos elementos o cuestiones que calificas de 7 a 10. Puedes considerarlos como puntos de peligro, en cuyo caso solo aumentarás tu preocupación y seguirás como hasta ahora.

Por otro lado, cada elemento que clasifiques como preocupación contiene una elección, y la elección es casi siempre de conciencia expandida. Solo aquello de lo que eres consciente está abierto al cambio. No hay nada que temer por ser más consciente. Ya eres consciente de tus problemas al nivel del problema. El cambio que debes hacer es tomar conciencia de ellos al nivel de la solución.

En última instancia, tienes que considerar el uso del dinero simplemente como una compensación. Las personas tratan el dinero como la ruta hacia la felicidad cuando la ruta real, la conciencia de la dicha (de la que hablaremos con más detalle en la tercera parte de este libro), está cerrada para ellas. Ser consciente de uno mismo no es igual a la promesa de volverse rico. Pero la conciencia de ti mismo ayuda a poner el dinero en la perspectiva adecuada, como algo útil, pero nada con lo que obsesionarte si quieres una vida plena. Una vez que te des cuenta de ello, muchos problemas de dinero se desvanecerán por sí solos.

EL KARMA DEL DINERO PUEDE MEJORAR

Cada problema tiene un nivel de solución en tu conciencia. Ser más consciente te da la base para el cambio. En términos de cambiar tu karma monetario, las siguientes cosas son autodestructivas porque son impulsadas inconscientemente por viejos hábitos y condicionamientos del pasado:

- Preocupación, ansiedad
- Inercia
- Negación
- Pensamiento ilusorio
- Abandono
- Esconderte de ti mismo
- Pesimismo
- Juzgarte a ti mismo

Todos estamos sujetos a estas tácticas inútiles, y cuanto más sensible sea el problema, más probable será que recurramos a ellas. El dinero, por supuesto, es un tema muy sensible. Está ligado a la sensación de fracaso o éxito personal. Tener dinero te califica como exitoso a los ojos de la sociedad; no tenerlo te vuelve invisible y pasas desapercibido. Sin embargo, la mayoría de las personas tiene muy poco conocimiento sobre cómo abordar su karma monetario de forma positiva.

Aquí están las tácticas que traen un cambio en los patrones kármicos porque están vinculados a la conciencia de uno mismo:

- Percepción clara
- Honestidad contigo mismo
- Buscar ayuda de expertos
- Persistencia
- Creer que existe una solución
- Confiar en que encontrarás la solución
- Pensamiento realista
- Tener una mentalidad abierta con respecto a tus opciones
- Asumir la responsabilidad
- Hacer lo que sabes que debes hacer

Si consideras las dos listas, verás que en otros aspectos de tu vida, aparte del dinero, actúas de forma bastante consciente. No hay ataduras kármicas, por así decirlo, cuando haces cualquier cosa que te produzca alegría o que despierte en ti reacciones de amor, belleza, simpatía, aprecio y la sensación de estar realizado. El dinero no produce estas experiencias por sí mismo. Puede ayudarte a tener esas experiencias o bloquear tu camino. Tu estrategia hacia tu karma monetario debe girar en torno a esa comprensión.

MEJORA TU KARMA MONETARIO

1. Cuando te encuentres haciendo algo de la lista de lo que no funciona, deja de hacerlo. Este es el paso más importante.

2. No luches contra el impulso de la preocupación, de juzgarte a ti mismo, de los deseos, de la negación, etcétera. En lugar de eso, tómate un tiempo de inactividad, tranquilamente y a solas, hasta que te sientas calmado y centrado.

3. Siempre que te sientas bien en general y tengas tiempo para reflexionar, revisa la lista de opciones positivas. Selecciona un cambio que puedas realizar de forma realista, y formúlate una de las siguientes preguntas para reflexionar:

    - ¿Cómo puedo tener claridad sobre algo que es un reto?
    - ¿Hay algo sobre lo que debo ser sincero?
    - ¿Dónde puedo buscar un buen consejo?
    - ¿Qué es algo bueno en lo que debo persistir?
    - ¿Creo que es posible una solución?
    - ¿Confío en que puedo llegar a la solución?
    - ¿Estoy siendo realista con respecto a dónde estoy parado y a mi situación?
    - ¿Puedo estar más abierto a nuevas opciones?
    - ¿Cómo puedo asumir más responsabilidad personal?

4. Una vez que hayas elegido una pregunta, asimílala. No se trata de preguntas formuladas, sino de líneas de comunicación con tu verdadero yo. Permanece en silencio con la pregunta. No luches ni te esfuerces por encontrar una respuesta.

5. Ahora espera una respuesta. Ya sea de inmediato o muy pronto, un nivel profundo de conciencia te traerá una respuesta. Puede parecer un mensaje o un momento "¡ajá!" o tan solo una nueva dirección que se abre.

6. Una vez que sientas que la respuesta ha llegado, actúa en consecuencia. Cualquier acción que tomes debe estar alineada con tu propia comodidad y tus valores. El karma del dinero no mejorará a través de la preocupación, la obsesión, la culpa o las decisiones impulsadas por el pánico. Estás aprendiendo a confiar en una conciencia más profunda.

7. Tu verdadero yo siempre está de tu lado, y aprender a estar alineado con él te lleva al nivel de las soluciones y te aleja del nivel del problema: nada es más importante que esto. Hablaremos sobre cómo conectar con tu verdadero yo a lo largo de este libro.

EL DOBLE VÍNCULO

Hay un lío entre el dinero y el karma que es necesario mencionar. El karma personal consiste en patrones repetitivos que puedes cambiar. La ampliación de tu conciencia expandirá tus opciones. Las opciones ampliadas traen nuevas oportunidades, y las nuevas oportunidades permiten que se desarrollen las soluciones. Esta es la esencia de una estrategia de dinero basada en cómo funciona realmente la conciencia.

Pero hay un bloqueo kármico que me gustaría traer a colación: es colectivo y social, lo que significa que naciste en él, junto con todos los demás seres humanos. El dinero ha creado la última ilusión. Atrapado en esta ilusión, el dinero es lo que anhelas, pero también temes. La riqueza es imposible de alcanzar cuando estás atrapado siguiendo tu miedo. Un psicólogo llamaría a este tipo de contradicción interior un doble vínculo: deseas y temes la misma cosa al mismo tiempo. No puedes liberarte de las ilusiones que rodean al dinero hasta que escapes de este doble vínculo.

Shakespeare comprendió una de las principales enseñanzas del Yoga en los últimos dos versos del soneto 64. El poema es de sombría resignación. Comienza constatando un hecho común: que las riquezas y el poder, por grandes que sean, son transitorios. El océano erosiona constantemente la orilla. Las torres más altas se deterioran hasta convertirse en escombros. El soneto escapa del lugar común al volverse psicológico al final:

> *El tiempo vendrá y se llevará mi amor.*
> *Este pensamiento es como una muerte, que no puede elegir*
> *sino llorar por tener lo que teme perder.*

El doble vínculo nunca se ha expresado tan sucintamente. El deseo nos hace perseguir todo lo que amamos y, sin embargo, una vez que lo hemos ganado, en automático surge el miedo a perderlo. ¿Es el doble vínculo universal? Shakespeare pensaba que sí, y el Yoga está de acuerdo. La diferencia es que podemos considerar el doble vínculo como una completa ilusión, lo cual es la clave para encontrar una salida.

El camino es bastante claro. No anheles el dinero y no lo temas. Pon tu tiempo, pensamiento y energía en la realidad, que es el flujo de la inteligencia creativa. La claridad de esta enseñanza es casi cegadora. ¿Quién no prefiere la realidad a la ilusión? Por desgracia, la respuesta es "todos nosotros". Estar obsesionado con el dinero es una ramificación de estar obsesionado con el materialismo. Lo uno es consecuencia de lo otro. Basar tu vida en conseguir más cosas materiales, sin embargo, es suficiente para cerrar el camino de la conciencia.

En el budismo, el camino de la conciencia incluye el pensamiento correcto, la velocidad correcta, la acción correcta y la vida correcta. El Yoga engloba todo esto en su enseñanza sobre el dharma. El dharma no es materialista. El éxito depende de estar alineado con los mismos valores humanos que propugna el budismo. Sin ellos, acumular dinero merecería su reputación de no ser espiritual, incluso lo contrario de espiritual. Espero que esta concepción se haya disipado para ti. Lo que tenemos por delante es una visión de la abundancia que abarca todos los aspectos de la vida: mente, cuerpo y espíritu.

El dinero y el trabajo

Si trabajas para vivir, quizá te guste tu empleo: según una destacada encuesta, la satisfacción laboral no solo es alta, sino que ha dado un salto recientemente, pasando de 81% en 2013 a 88% en 2016, el año más reciente con estos datos. Un porcentaje tan alto no puede dejar de ser sorprendente. Parece implicar que la gente en general está prosperando, pero eso está lejos de ser cierto. Menos de un tercio de las personas se describen a sí mismas como prósperas, lo que deja a dos tercios luchando o tan solo arreglándoselas.

¿Cómo puede haber tal diferencia? La respuesta es la adaptabilidad. Los trabajadores se adaptan a los trabajos que realizan. Desde la perspectiva de "seguir tu felicidad", el trabajo debería ser lo que tú eres. Sin embargo, en la vida de la mayoría de las personas ocurre lo contrario. Lo que son no importa mucho. Lo que importa es mantener un trabajo, hacerlo bien y esperar un aumento. Para dar la vuelta a esta situación y lograr que tu trabajo se centre en ti, tenemos que empezar por lo básico.

En primer lugar, los trabajos más satisfactorios no son necesariamente los mejor pagados. En promedio, los médicos de Estados Unidos están muy bien pagados y, si uno estudia para ser cirujano, tiene buenas perspectivas de hacerse rico. Pero de los 15 trabajos más satisfactorios, los médicos ocupan el puesto número 11 y los cirujanos el número 14, justo por encima de los profesores. El puesto número uno sorprendería a casi todo el mundo: el trabajo más satisfactorio es ser miembro del clero. Un trabajo muy bien pagado, ser director general de una empresa, resulta muy satisfactorio (número dos), pero se puede ser casi igual de feliz en el trabajo si eres quiropráctico (número tres) o bombero (número seis). La policía no aparece en ninguna parte de la lista.

Lo que realmente cuenta no es tanto tu trabajo o tu cargo, como las condiciones en las que trabajas. Esto se ha medido a través de estudios de psicología social. Si quieres saber por qué amas u odias tu trabajo, ten en cuenta los siguientes factores.

CONDICIONES DE TRABAJO SATISFACTORIAS

La satisfacción en el trabajo aumenta si tu lugar de trabajo te da ciertas cosas clave:

- ☐ Dinero (pero solo hasta cierto punto)
- ☐ Poco estrés
- ☐ Seguridad laboral
- ☐ Buenas relaciones con los compañeros de trabajo
- ☐ Sensación de ser escuchado
- ☐ Lealtad y apoyo de los superiores
- ☐ La oportunidad de cuidar a los demás
- ☐ Oportunidades de progreso
- ☐ Cultura empresarial positiva

☐ Tareas diarias desafiantes

☐ Ser bueno en lo que haces

Si mides tu trabajo según esta lista, cuantas más casillas puedas marcar, más feliz serás en el trabajo. Eso es verdad hasta cierto punto. Pero las listas y las gráficas en realidad no representan la naturaleza humana.

De una u otra forma, la mayoría de la gente puede trabajar con un jefe desagradable. Un sinfín de empleados hacen trabajos tan rutinarios y sin sentido que no hay posibilidad de desafíos cotidianos, así que lo equilibran encontrando una compensación positiva, como la formación de una fuerte amistad en el trabajo. Dos cajeras de supermercado, que platican todo el día entre ellas, descubrirán más felicidad que un médico abrumado por su carga de pacientes y montañas de papeleo que llenar.

Alinearse con la inteligencia creativa se reduce a los aspectos prácticos en el trabajo. El objetivo de la inteligencia creativa es buscar el mejor resultado para ti y para quienes te rodean. No se trata de un pensamiento mágico. En todo el mundo hay un nivel de conciencia que busca soluciones a los problemas, y cuando operas desde este nivel estás alineado con el flujo de la inteligencia creativa. Cuando haces lo contrario y te centras en los problemas con una actitud de queja, preocupación y culpa, te quedas atorado al nivel del problema.

Ahora que conoces los elementos más importantes que conducen a la satisfacción laboral, puedes dirigir tu atención a mejorarlos en tu propio trabajo. Utilizar tus energías de esta manera es mejor que quejarte, estar resentido o soportar pasivamente el *statu quo*. Tomar medidas activas es siempre una forma de empoderamiento. Si te encuentras en un entorno así, cambia de trabajo tan pronto como puedas.

DINERO

Deberías ganar lo que crees que vales. Eso es un objetivo psicológicamente saludable, en lugar de la meta de conseguir más y más dinero. Los salarios injustos causan más insatisfacción en el trabajo que casi cualquier otra cosa. Una cultura empresarial que no paga sueldos justos tampoco respeta a sus trabajadores.

El dinero es complicado, y es posible que te paguen justamente sin mejorar tu situación. Esto suele ocurrir porque alguien está muy endeudado (sobre todo por las deudas de las tarjetas de crédito) y tan sobrecargado financieramente que el dinero es una fuente de preocupación constante. Analiza tu situación y asume la responsabilidad de la parte de preocupación por el dinero que te has provocado a ti mismo.

La mejor manera de asumir la responsabilidad es al nivel de conciencia: deja de pedirle al dinero que haga cosas que no puede hacer.

- Más dinero no hará soportable un mal trabajo.
- Más dinero no te hace mejor que quienes ganan menos.
- Más dinero no te dará autoestima.
- Más dinero no hará que los demás te quieran más, aunque finjan que lo hacen.

Si ves estas actitudes en ti mismo y las cambias, significa que estás asumiendo una responsabilidad personal al poner tu verdadero yo por delante de tu sueldo, por muy alto que este sea.

POCO ESTRÉS

La mayor parte del estrés laboral proviene de fuentes bien documentadas: la presión de los plazos de entrega, una carga de trabajo demasiado pesada, hacer muchas cosas a la vez, el ruido excesivo y la inseguridad laboral. Al mismo tiempo, el estrés tiende a introducirse en el ambiente y se vuelve contagioso. Si quieres reducir activamente el estrés debes dar dos pasos: solucionar los factores de estrés que te afectan, y no provocar estrés en los demás en el trabajo.

Lo ideal es un ambiente tranquilo y agradable en el que todo el mundo se concentre en una tarea a la vez, sin presiones excesivas. ¿Es demasiado pedir? Solo tú puedes juzgarlo, ya que no hay dos lugares de trabajo iguales. Un despacho contable silencioso tiene poca relación con una obra en construcción ruidosa. El juez definitivo para determinarlo es el cuerpo-mente, que es el sistema holístico que une el cuerpo y la mente como uno solo. Si se te dificulta dormir lo suficiente, te preocupan los plazos, necesitas beber después del trabajo, guardas resentimientos, te irritas e impacientas con facilidad, pierdes el apetito o, en general, te sientes fatigado y con mucha presión, estas son las señales más básicas de alerta temprana de que estás sometido a demasiado estrés y necesitas hacer lo posible para remediar la situación.

En cuanto a no provocar estrés en los demás, la fórmula es sencilla: piensa en las cosas que te hacen sentir estresado y, una vez consciente de ellas, no se las hagas a tus compañeros o a quienes trabajan a tu cargo. La palabra clave es presión. Sé consciente de que te sientes muy presionado y haz algo al respecto, en lugar de transmitir la presión.

SEGURIDAD LABORAL

Después de la preocupación por no tener suficiente dinero, la mayor ansiedad de la gente es por la seguridad en el trabajo. Incluso en Japón, que antes era famoso por las empresas que contrataban a los trabajadores de por vida, la práctica empresarial típica en todas partes se ha deteriorado. Los fondos de pensiones están siendo desmantelados y los derechos de los trabajadores han disminuido, en gran medida por el temor a no tener un empleo. Como individuos, tú y yo no tenemos poder sobre las prácticas empresariales, pero en las dos últimas grandes crisis económicas, la gran recesión de 2008 y la pérdida masiva de puestos de trabajo causada por la pandemia de covid-19, se hizo evidente que las pequeñas empresas eran las que se preocupaban por el bienestar de sus trabajadores, compartían la carga e intentaban idear formas equitativas para mantener a sus empleados trabajando.

Tu papel es evaluar con claridad y con un razonamiento sólido a la empresa en la que trabajas y tu situación actual. ¿Cuidan a los empleados? ¿De qué manera? ¿A la dirección de la empresa le importa realmente el bienestar de los empleados? ¿Tus compañeros de trabajo se sienten seguros? Pregunta y averigua. A continuación, considera la importancia que le das a la seguridad laboral. En algunos trabajos, como los restaurantes, la rotación laboral es natural, mientras que en otros, como la administración pública, es un gran aliciente saber que probablemente siempre tendrás un trabajo.

Sé realista sobre tu situación actual, pero también mira al futuro. Estados Unidos es un país con pocas redes de seguridad social, un elevado endeudamiento de los consumidores, una alta tasa de consumo, bajas tasas de ahorro y poca protección ofrecida por el trabajo organizado. Con estos factores, junto con el hecho de que, hasta antes de que el covid-19 cobrara tantas vidas, las personas vivían cada vez más tiempo, es realista asumir a una edad temprana, décadas antes de la jubilación, que deberás mantenerte económicamente entre 10 y 30 años si te jubilas a los 75. El panorama es bastante aleccionador si tienes en cuenta la cantidad de ahorro que los expertos financieros, incluyendo los cálculos del gobierno, recomiendan por grupos de edad:

- Estadounidenses de 30 años: se recomienda entre una y dos veces el salario anual

    versus

    Ahorro promedio real: de 21 000 a 48 000 dólares

- Estadounidenses de 40 años: se recomienda entre tres y cuatro veces el salario anual

    versus

    Ahorro promedio real: de 63 000 a 148 000 dólares

- Estadounidenses de 50 años: se recomienda entre seis y siete veces el salario anual

    versus

    Ahorro promedio real: de 117 000 a 223 000 dólares

- Estadounidenses de 60 años: se recomienda entre ocho y 10 veces el salario anual

    versus

    Ahorro promedio real: de 172 000 a 206 000 dólares

Según los consejos financieros habituales, como regla general, deberías empezar a ahorrar entre 10 y 15% de tus ingresos anuales a partir de los 20 años y esperar a vivir después de la jubilación con 80% de los ingresos anuales que tengas en ese momento.

Sea cual sea tu posición —muchos lo hacen mejor y otros peor que el promedio—, es tu responsabilidad de por vida asegurarte el futuro. Los encuestadores consideran que el más grande temor de las personas mayores no es la mala salud o la muerte, sino convertirse en una carga para sus hijos. Cada vez más, este temor se hace realidad para millones de estadounidenses debido a los escasos ahorros, los planes de pensiones inadecuados, el elevado costo de la vida y el exorbitante gasto que supone el cuidado de los enfermos de alzhéimer (o incluso de los ancianos sanos). Para evitar formar parte de las estadísticas negativas, la respuesta es la misma que para cualquier aspecto del dinero: solo puedes cambiar aquello de lo que eres consciente. Sin conciencia, eres presa de circunstancias que escapan a tu control.

BUENAS RELACIONES CON LOS COMPAÑEROS DE TRABAJO

Este punto puede parecer evidente, porque llevarse bien con los compañeros de trabajo es más deseable que lo contrario. Sin embargo, en la realidad hay fallos. Hay personas en el trabajo con las que es imposible llevarte bien debido a su personalidad difícil. Otras personas son egoístas y no tienen en cuenta a nadie más, o pueden ser tan competitivas que no se puede confiar en ellas. Los chismes de la oficina estropean las relaciones, al igual que los romances. En resumen, el lugar de trabajo es tan complejo como la propia naturaleza humana.

Tu papel no es ser uno de los tipos negativos que acabamos de mencionar. La cooperación amistosa debe ser tu norma. También mejorarás tus relaciones con los compañeros de trabajo si haces lo siguiente:

- Escuchar cuando alguien está hablando.
- No mostrar favoritismo ni elegir un bando.
- Mostrar tu aprecio cuando un compañero de trabajo hace algo bien.
- Echar una mano cuando veas que un compañero de trabajo está bajo estrés o presión.
- Mostrar respeto siempre.

- Abstenerte de hacer política y crear chismes en la oficina.
- Ser comprensivo con la versión de los hechos de otra persona, incluso si no estás de acuerdo con ella.
- Comprender que todo el mundo tiene una historia y creer en ella.

Puede parecer una lista muy larga, pero, en el fondo, cada punto es el resultado de ser consciente, en lugar de inconsciente. Una vez que eres consciente de cómo funciona la psicología de grupo, es decir, del grupo en el que te encuentras, puedes comportarte como te dicta tu conciencia. En realidad, pocas personas son lo bastante flexibles en su psicología como para alterar las relaciones cuando aparecen dificultades, así que el mejor consejo es prever las dificultades y evitarlas de antemano.

SENSACIÓN DE SER ESCUCHADO

Los estudios sobre la satisfacción en el trabajo sitúan el hecho de ser escuchado por encima de lo que la mayoría de nosotros desearía, porque siempre hay un desequilibrio en la agenda del ego: lo que yo tengo que decir es más importante que lo que tienen que decir los demás. Incluso cuando este factor no es dominante, es fácil olvidar que todas las personas con las que te encuentras quieren ser escuchadas, al menos tanto como tú.

Si te encuentras trabajando en un entorno en el que los superiores no te escuchan, es una importante señal de advertencia de que estás en el trabajo equivocado. Cuando los jefes se niegan a escuchar, tu contribución es básicamente la de un esclavo, y puedes esperar que tus sentimientos de frustración, resentimiento e impotencia vayan en aumento.

LEALTAD Y APOYO DE LOS SUPERIORES

Todo tipo de trabajo, con muy pocas excepciones, está organizado como una jerarquía. Habrá alguien por encima de ti (a no ser que seas el dueño de la empresa o el director general), lo que limita tu independencia y libertad simplemente porque las cosas están dispuestas así. Para sentirte cómodo en cualquier posición de la jerarquía, debes confiar en quienes están por encima de ti. Esa es la contraparte de darles poder sobre ti.

Muchas personas aceptan pasivamente una situación en la que la compensación está desequilibrada por completo. Se espera que los empleados sean leales, mientras que quienes están por encima de ellos son indignos de confianza, caprichosos, arbitrarios, cerrados o ejercen el poder de forma injusta. Si en el trabajo tienes a alguien por debajo de ti, tu papel es evitar esas trampas. Si miras a los que están por encima de ti, tómate en serio el pacto silencioso que existe entre trabajadores y jefes. Si el trato es malo, plantéate si estás en el trabajo adecuado. Señalar la injusticia a un mal jefe o gerente rara vez mejora la situación y con frecuencia conduce a represalias.

LA OPORTUNIDAD DE CUIDAR A LOS DEMÁS

El clero, las enfermeras y los fisioterapeutas ocupan un lugar destacado en la satisfacción laboral debido a un denominador común: tienen la oportunidad de cuidar de los demás. Estos cuidados se basan en la empatía y el deseo de ayudar. La situación opuesta se da entre los cuidadores de enfermos de alzhéimer, donde la carga es constante, no hay esperanza de mejoría y la respuesta del enfermo es insignificante o peor que eso. Es un reto considerable para nuestra sociedad el hecho de que ser cuidador de pacientes con demencia acorta la esperanza de vida del cuidador entre cinco y ocho años, lo que es resultado directo del elevado estrés cotidiano.

La gran mayoría de los trabajos no son de tipo asistencial, pero se puede mostrar simpatía y cuidado en cualquier línea de trabajo. Aprovecha la oportunidad de mostrar a otra persona que te importa, aunque solo sea con una sonrisa cálida o un comentario de pasada. No sigas una fórmula o un ritual. Sé personal y sincero. La vida moderna aumenta la posibilidad de sentirse aislado y solo, sobre todo entre los pobres y los ancianos. Ten en cuenta esta realidad, porque tu bienestar depende del respaldo que tengas de tus amigos, familia, compañeros de trabajo y grupos de apoyo. Si brindas ayuda, es mucho más probable que lo recibas en el futuro cuando te encuentres en una situación de necesidad.

OPORTUNIDADES DE PROGRESO

Hace años conocí a un magnate de los medios de comunicación que se caracterizaba por despertar muy poca envidia, animosidad, miedo o resentimiento a su alrededor. Si uno de los multimillonarios puede ser amado por las personas que trabajan para él, era este hombre. Su secreto era sencillo. Su objetivo era hacer que todos los socios fueran tan ricos como él. Para él, este era el secreto de su éxito, porque ganaba la lealtad de sus empleados cuando estos comprendían que estaba deseoso y dispuesto a darles todas las oportunidades de progreso.

Me imagino que ese comportamiento es poco frecuente hoy en día. Algunas grandes empresas, especialmente en Silicon Valley, han creado culturas corporativas que benefician a sus trabajadores con todo tipo de comodidades en el trabajo. A nivel individual, el impulso de ponerse en primer lugar le conviene a la agenda del ego. Pero si todo el mundo quiere salir adelante, actuar como entidades egoístas separadas es una de las peores maneras de aumentar tus posibilidades reales de salir adelante.

Tu papel es encontrar un trabajo en el que haya oportunidad de progresar, lo cual no es fácil para las mujeres. Esta parte puede ser un reto, lo que explica que haya tanta inestabilidad en el mercado laboral estadounidense. La tendencia, sin embargo, no se mueve a su favor. En Estados Unidos la movilidad ascendente ha disminuido, y otras naciones, como los países escandinavos, ahora ofrecen más oportunidades. La movilidad ascendente también se inclina hacia los hombres blancos con estudios. Si solo tienes un título de bachillerato, tus oportunidades han ido disminuyendo a lo largo de varias décadas. Un hombre negro con la misma educación que un hombre blanco quizá solo tendrá 50% de posibilidades de ascender en el trabajo.

Si miramos con realismo estas probabilidades, muchas personas se han resignado a permanecer en un trabajo relativamente estático que tal vez ofrezca pocas oportunidades de ascenso. Debes decidir cuál es tu situación y cuáles son tus expectativas. También hay que tener en cuenta al magnate de los medios de comunicación que mencioné. Crear oportunidades para los demás es una estrategia ganadora. Uno para todos y todos para uno es una forma viable de salir adelante. Encuentra a las personas que consideres tus aliadas y establece alianzas, conexiones y redes como parte habitual de tu carrera profesional.

CULTURA EMPRESARIAL POSITIVA

Las culturas empresariales están ascendiendo desde un punto de partida muy bajo, incluso vergonzoso. Los héroes del capitalismo estadounidense surgieron de una tradición brutal de explotación de los trabajadores. Cuando en 1928 Henry Ford construyó su modelo de planta de ensamblaje de automóviles en River Rouge, a las afueras de Detroit, creó un entorno de trabajo inhumanamente ruidoso, estresante, en extremo aburrido y mal pagado. Sin embargo, se lee mucho más sobre el éxito del Modelo T y del Modelo A de Ford, que sobre la horrenda cultura empresarial de la que salieron esos coches.

Hoy en día, los puestos de trabajo con prestaciones son escasos, y 99% de los trabajadores solo puede mirar con envidia al 1% que trabaja para empresas como Google y Apple, que ofrecen condiciones de trabajo humanas y confortables. Pero incluso estas empresas están involucradas con fábricas chinas que estarían prohibidas como talleres de explotación en Estados Unidos.

Los individuos no pueden influir en la cultura de la empresa, a menos que estén muy bien situados en la jerarquía. Su papel es anteponer su bienestar al dinero. Trabaja donde te sientas bien mental y físicamente. Como mínimo, te mereces este nivel de condiciones de trabajo. Si hay problemas, plantéate trabajar desde casa o cambiar de trabajo. Conformarse con una cultura empresarial desagradable está motivado por el miedo y la inseguridad. En cambio, motívate por tu nivel de bienestar: de eso se trata este libro.

TAREAS DIARIAS DESAFIANTES

Una de las razones por las que la satisfacción en el trabajo ha aumentado tanto es la disminución del trabajo rutinario y aburrido. Por muy dolorosa que sea la transición, la reconversión de las fábricas para que los robots realicen la mayor parte del trabajo rutinario está provocando que la sociedad avance en la dirección correcta. Actualmente, 37% de los trabajos estadounidenses pueden llevarse a cabo desde casa, que es un entorno más agradable que una oficina.

Pero elevar el suelo no es lo mismo que apuntar al cielo. La conciencia humana se nutre de los retos si estos son creativos. En pocas palabras, este debería ser tu objetivo personal. En comparación, el dinero, la responsabilidad, el estatus, el poder y el prestigio son compensaciones débiles. El afán de éxito provoca que la gente se conforme con el ascenso en lugar de la creatividad, y eso es un mal compromiso.

¿Qué es un reto creativo? Puede definirse como cualquier posibilidad que te permita ampliar tus dones y talentos. Son las posibilidades que te hacen sentir que estás creciendo y evolucionando, mejorando en lo que ya eres bueno o expandiéndote hacia un nuevo campo que te entusiasma. No es necesario que seas un artista creativo. Ahí donde se valoran las soluciones y las innovaciones, abundan los retos creativos.

Por desgracia, la sociedad no nos enseña los verdaderos peligros del aburrimiento y el agotamiento. Ser médico tiene un gran valor social, pero esa profesión registra un índice muy alto de abuso de drogas y de agotamiento. Hay pocos retos creativos cuando tu día está lleno de pacientes ansiosos que acabarán siendo tratados de la misma manera, con los mismos procedimientos y medicamentos. (Hablo por la experiencia de mis primeros años como endocrinólogo en Boston, años de motivación y previos al agotamiento: mi salvación final fue encontrar una forma creativa de estar en la profesión de sanador, un camino para el que casi no tenía modelos entre los jóvenes médicos que conocía. Estaban tan atrapados como yo, pero lo negaban todavía más).

Haz algo nuevo cada día y te renovarás. Eso no es una fantasía. Cada célula de nuestro cuerpo existe gracias a una renovación constante. ¿Mereces tanto como el hígado o una célula del estómago? Vale la pena que te hagas esa pregunta.

SER BUENO EN LO QUE HACES

Querer ser bueno en el trabajo es algo natural para casi todo el mundo. Al hacer un buen trabajo te ganas el respeto y la admiración.

La gente te tratará mejor que si haces un trabajo malo o descuidado. Pero es fácil ir demasiado lejos. Si te identificas con tu trabajo, el resto de tu vida se contraerá. Se ha convertido en un tipo común el caso de las personas que se identifican por completo con su trabajo. Trabajar muchas horas, llevarse el trabajo a casa, buscar la perfección… son síntomas de una condición problemática. La ambición no es una virtud.

Puedes enfocar esta cuestión en términos de horas del día. Programar tu tiempo funciona para tu bienestar si tienes espacio para lo siguiente:

- Moverte y estirarte durante cinco minutos cada hora.
- Encontrar tiempo para conectar en persona con alguien a quien sientas cercano (no a través de mensajes de texto o correo electrónico).
- Hacer tiempo para ti mismo, a solas y en silencio.
- Hacer algo que sientas como un juego o una recreación.
- Dedicar un tiempo de calidad a tu interior, meditando o haciendo yoga.

Si tu día no contiene estos elementos, o si los consideras lujos ocasionales, no estás utilizando tu tiempo para mejorar tu bienestar. Por supuesto, la programación del tiempo no lo es todo, y mucho menos lo más importante. Las relaciones tienen un valor que trasciende cualquier horario, pero sigue existiendo el sentido práctico de que no es posible tener una relación gratificante a menos que se dedique suficiente tiempo a ella.

Por lo tanto, cuando consideres lo que significa ser bueno en tu trabajo, fíjate bien en cómo se desarrolla cada día. Si estás presionado por el tiempo, preocupado por el trabajo a cada hora y cargado con demasiadas obligaciones y exigencias para cumplirlas sin estrés, eres víctima del tiempo. Desde el punto de vista de la inteligencia creativa, siempre hay tiempo suficiente para hacer lo que es mejor para ti. Alinéate con esa verdad y estarás en el camino de hacer que todos los días sean satisfactorios, y no solo la parte de tu día en la que estás trabajando.

El flujo de la inteligencia creativa

Estar en tu dharma abre un camino claro para el aspecto dinámico de la conciencia, que se ha denominado "inteligencia creativa". El Yoga enseña que la conciencia pura no es estática. Vibra con la vida y es impulsada desde su interior para emerger en la creación física: es decir, el universo. El flujo de la inteligencia creativa organiza a todos los seres vivos de la Tierra, pero entre todas las formas de vida solo los humanos podemos aprovechar conscientemente la inteligencia creativa, lo cual hemos hecho durante milenios.

Al nacer, no trajiste ningún recuerdo de tu vida en el vientre materno, ningún recuerdo de tu viaje desde que eras una célula fertilizada hasta convertirte en un bebé recién nacido. Del mismo modo, la forma en que alcanzamos la capacidad de crear se ha perdido en la memoria humana. Permíteme dar el que tal vez es el ejemplo más antiguo de la creatividad de los homínidos, un único acto creativo que hizo posible la civilización. Todos los animales huyen de un incendio cuando este se produce en la naturaleza por la caída de un rayo. ¿Por qué el *Homo erectus* se dio la vuelta y, en lugar de huir, imaginó que el fuego podía ser domesticado? ¿Qué transformación mágica convirtió el miedo en ingenio?

La antropología no ofrece respuestas a estas preguntas. Durante mucho tiempo se sostuvo que el fuego tenía que ser el producto del mayor logro evolutivo del *Homo sapiens*, que tenía un enorme cerebro superior. De todas las especies, el cerebro humano es, por mucho, el más grande en relación con el tamaño del cuerpo. Entonces empezaron a aparecer rastros de ceniza de madera en lugares que antes habitaba el *Homo erectus*, el cual tenía un cerebro mucho más pequeño. En lugar de la estimación anterior de que el fuego llegó a controlarse hace quizá 100 000 años, lo que precede a las pinturas rupestres más antiguas datadas en 70 000 años, los arqueólogos empezaron a encontrar ceniza en yacimientos de un millón de años, lo que antecede al *Homo sapiens* por unos 800 000 y 970 000 años, según las estimaciones aceptadas. Esta fecha de un millón de años tiene una amplia aceptación, pero al margen de ella existen informes de depósitos de ceniza mucho más antiguos, incluso de hasta dos millones de años.

Nuestros ancestros homínidos no necesitaban una corteza cerebral moderna inmensa para domar y utilizar el fuego; solo necesitaban la conciencia, que estaba abierta a la inteligencia creativa. Esta es la perspectiva del Yoga, que enseña que la conciencia es consciente de sí misma, autoorganizada y autosuficiente. La inteligencia creativa, completamente por sí misma, nos lleva hacia el siguiente nuevo descubrimiento. Todo lo que la inteligencia creativa es capaz de hacer, que es infinito, nosotros somos capaces de hacerlo. La cadena no puede romperse jamás.

La electricidad que alimenta el mundo moderno es una actualización de ese primer impulso para domar el fuego, al igual que tu *smartphone* y tu computadora son actualizaciones de una habilidad mental desarrollada a finales de la Edad de Piedra: contar. Los artefactos más antiguos del Neolítico son piedras rayadas con agujeros dispuestos en fila: supuestamente estas marcas en las piedras eran hechas para comerciar con bienes entre tribus. Los agujeros en fila solo tienen sentido como sustitutos de los números. No hay números en la Naturaleza; los números son una construcción creativa inventada por los humanos.

EL DINERO COMO EVOLUCIÓN

Toda tu vida has estado inmerso en el flujo de la conciencia. Piensas, sientes, hablas y haces. Cada una de estas actividades requiere una mente consciente. Cuando el Yoga se formuló en la India hace al menos 1 000 años, y probablemente mucho antes, los antiguos profetas no tenían materia prima con que trabajar, ni departamentos de psicología, estudios de investigación, libros de texto o expertos profesionales: solo contaban con lo que surgía en sus propias mentes. Es milagroso que estos exploradores del mundo "aquí dentro" hicieran descubrimientos dignos de Einstein. Incluso hoy en día, a la psicología occidental le falta recorrer kilómetros para ponerse al día.

Un descubrimiento importante fue que la conciencia quiere evolucionar. Al ser creativa, fluye hacia la curiosidad y el descubrimiento. Este impulso se ve alimentado por un sentimiento de alegría cada vez que hacemos un nuevo descubrimiento: los niños pequeños no pueden ocultar su alegría al hallar alguna nueva maravilla en el mundo. Además de la alegría, las cosas que descubrimos añaden valor y significado a nuestra vida; sólo hay que preguntarle a cualquiera que siente el primer arrebato del amor romántico: cuando uno está enamorado y en las nubes, durante un tiempo este descubrimiento supera a cualquier otro.

El amor puede surgir de la nada como un fogonazo cegador, pero la mayoría de las veces podemos elegir. Podemos elegir evolucionar, o elegir lo contrario, ir hacia atrás. He aquí un sencillo diagrama que la física aplica al universo y a todo lo que hay en él:

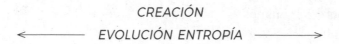

CREACIÓN

⟵———— EVOLUCIÓN ENTROPÍA ————⟶

A lo largo de la creación, desde el Big Bang, dos fuerzas invisibles han tirado en direcciones opuestas. La primera, la evolución, crea formas complejas, empezando por la energía caótica en espiral que surgió después del Big Bang y que, a lo largo de miles de millones de años, condujo a la creación de los átomos, las moléculas, las estrellas, las galaxias y el planeta Tierra. Pero la entropía tira en la otra dirección y rompe estas estructuras, lo que lleva a la decadencia física, a la disolución y a una pérdida constante de energía.

El Yoga enseña que la conciencia humana es arrastrada en direcciones opuestas por las mismas fuerzas: el orden y el caos. La evolución de la conciencia ha dominado la historia del *Homo sapiens*. A pesar de los efectos entrópicos de la guerra, la enfermedad, las catástrofes naturales y la psicosis, que minan la evolución y arrastran la existencia hacia abajo, el flujo de la inteligencia creativa impulsa constantemente la evolución. Esto incluye el dinero, porque durante 5 000 años el dinero y el comercio han hecho posible la civilización: el progreso siempre tiene un precio.

En nuestro interior, la entropía puede considerarse como todo aquello que mina nuestra propia inteligencia creativa: el comportamiento inconsciente, los hábitos, el condicionamiento, la inercia, la mente cerrada y la inercia pasiva. Solo necesitamos un diagrama más para completar la condición humana, es decir, el lugar en el que nos encontramos tú y yo en el teatro de la vida:

LA CONDICIÓN HUMANA

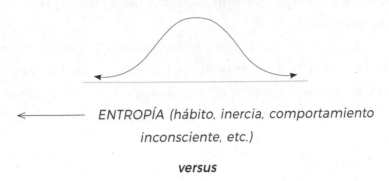

ENTROPÍA *(hábito, inercia, comportamiento inconsciente, etc.)*

versus

INTELIGENCIA CREATIVA ⟶

Todos nosotros vivimos bajo la curva en forma de campana. La gran mayoría de las personas se agrupa en medio. Aquí hay una mezcla de entropía y evolución o, como dice el dicho popular, "dos pasos adelante, un paso atrás". Dado que la mayoría de las personas llevan una vida llena de elecciones inconscientes, hábitos, condicionamientos, prejuicios, miedos, esperanzas y sueños, sus impulsos inconscientes son fuertes y conducen a la entropía: es decir, a la pérdida de tiempo, dinero, al enganche emocional y a las emociones. También la evolución entra en esta mezcla, porque en la parte consciente de nuestra vida creamos, amamos, nos sentimos inspirados y encontramos alegría.

El Yoga enseña que es posible aumentar la proporción de elecciones conscientes y, cuando esto sucede, te alejas de la mitad de la curva hacia una evolución acelerada. En el borde más delgado de la derecha, donde la evolución está más avanzada, encontramos al variopinto grupo de genios, santos, sabios, artistas y visionarios. Existen, por así decirlo, en la punta del árbol, extendiéndose hacia arriba sin nada que les guíe más que la conciencia pura. Sin aspirar a unirnos a ellos, cada uno de nosotros puede elegir evolucionar. No se trata de la evolución darwiniana, que es física, sino de la evolución de la conciencia.

Como el dinero nació en la conciencia, también puede ir en cualquier dirección, hacia el despilfarro y la pérdida o hacia la ganancia y la creatividad. Para ser muy prácticos, ya que el dinero es muy práctico, he aquí cómo son las elecciones entrópicas, las que acaban por no llevarte a ningún sitio que desees:

ENTROPÍA: CÓMO NOS EQUIVOCAMOS CON EL DINERO
Siete cosas que no funcionan

1. Fantasear con el dinero

Para mucha gente, el dinero es un sueño y volverse rico es una bonita fantasía. Esto no funciona porque la realidad no es lo mismo que la fantasía. Nadie que sea realmente rico lo llama un sueño hecho realidad y, sin embargo, de todos modos albergamos esa fantasía.

2. El dinero como un fin en sí mismo

Sin duda, tener dinero abre el camino para mejorar tu vida. Pero cuando ganar dinero es una obsesión, empieza a sustituir la satisfacción real. Cualquier persona, rica o pobre, que se levante cada día queriendo ganar dinero va a crear una brecha más grande entre el dinero y la felicidad.

3. Miedo a la pobreza

La necesidad y la carencia son una fuente de miseria, y nadie que haya sufrido por ser pobre quiere volver a ese estado. Pero si tu motivación es el miedo, entonces la pobreza te tiene atrapado. La ansiedad nunca está correlacionada con el crecimiento de la felicidad.

4. Engaño, deshonestidad, mentira

La sociedad tiene imágenes de criminales que se hicieron ricos estafando, y a menos que los atrapen y los metan a la cárcel, los criminales suelen estar orgullosos de sí mismos. Han vencido al sistema. No son unos idiotas, como todos los que juegan honestamente. Pero en realidad solo un mínimo porcentaje de personas carece de conciencia. La deshonestidad genera culpa y, al igual que la ansiedad, la culpa es enemiga de la felicidad.

5. Traicionar tus creencias fundamentales

Sin mentir ni engañar, muchas personas sienten que se han visto obligadas a realizar un trabajo aburrido, rutinario e insatisfactorio. Sienten que las circunstancias las han presionado para llegar a esa situación, pero en el fondo se están traicionando a sí mismas. Los dos valores fundamentales más importantes son "merezco ser feliz" y "tengo una fuerte autoestima". A menos que defiendas estos valores, te estás moviendo en la dirección equivocada.

6. Abusar de otras personas

Pasar por encima de otras personas para salir adelante casi nunca se considera lo correcto, pero igual lo hacemos. Todo el *ethos* de ver solo por ti mismo es poderoso. Así que pasamos por alto las ocasiones en las que menospreciamos a otras personas, ignoramos sus sentimientos, buscamos dominarlas y adoptamos el egoísmo como excusa para comportarnos mal. Abusar de los demás para salirte con la tuya en realidad indica que en el fondo sientes que no eres suficiente.

7. El "instinto asesino"

Si ganar lo es todo, entonces los ganadores por excelencia son hipercompetitivos. Tienen el instinto asesino de aprovecharse de la debilidad, y el olor de la sangre en el agua les excita. Pero en realidad pocos de nosotros podemos prosperar en un tanque de tiburones, y no querríamos hacerlo. Cualquiera que se obsesione con ser un ganador a toda costa secretamente está impulsado por un profundo miedo a ser visto como un perdedor. Ningún éxito hace desaparecer este miedo.

Cuando enumeras todas las cosas que la gente hace mal, no es de extrañar que evolucionar resulte tan difícil en la vida cotidiana. Estamos enredados en un sistema de valores que nos atrapa en vidas que están muy lejos de la plenitud. El proceso de enredarse sucede con el tiempo, y cedemos a creencias erróneas de forma casi inconsciente. ¿Conoces a personas que se ganan la vida y están atrapadas en trabajos que odian? ¿Perder el trabajo es un miedo que te cuesta afrontar? ¿Has conocido a alguien que alguna vez tuvo una buena posición económica, pero que luego se arruinó?

Esas experiencias, que todos hemos tenido, actúan sobre nosotros, consciente o inconscientemente, en algún momento de nuestra vida. El peor aspecto de ir en la dirección equivocada es que te sientes impotente. Pero tienes más opciones de las que crees. Puedes desenredarte adoptando opciones que funcionan. Puedes ganar dinero al tiempo que aumentas tu sensación de felicidad y bienestar.

INTELIGENCIA CREATIVA: CÓMO GANAR DINERO DE LA FORMA CORRECTA
Siete cosas que realmente funcionan

1. Autosuficiencia

Vale la pena buscar la independencia financiera, y la mayoría de la gente espera alcanzarla cuando se jubile. Pero sentirse independiente por dentro es mucho más importante que la jubilación. La verdadera autosuficiencia significa seguir tus valores fundamentales, no ceder a la opinión de los demás sobre ti y saber sin duda alguna que eres suficiente.

2. Asumir la responsabilidad

Cuando culpas a otras personas y a fuerzas externas, estás renunciando a tu poder personal. Asumir la responsabilidad de tu propia vida te da poder. Te pone en contacto con las cosas que necesitan cambiar dentro de ti, y por lo tanto abres el camino para que el cambio realmente ocurra. Renunciar a tu responsabilidad te mantiene atrapado como una víctima.

3. Cooperación

La cooperación se opone al espíritu de "el ganador se lo lleva todo" y de "quiero ser el número uno". A pesar de la fantasía de ser el gran ganador, la vida no es un juego de suma cero. A diferencia del Super Bowl, que decide el único ganador y el perdedor, la cooperación crea un flujo constante de resultados en los que todos ganan. Aspirar a esos resultados también produce una sensación de satisfacción cuando se gana dinero para los demás y para uno mismo.

4. La ética laboral

La sociedad no se equivoca cuando aconseja que una sólida ética laboral es importante. Pero lo que en verdad funciona es una *buena* ética laboral o, como afirmaría la enseñanza budista, el "trabajo correcto". El trabajo duro por sí mismo rara vez es un trabajo correcto si implica lucha, gran esfuerzo y el aplazamiento de la felicidad hasta los años de jubilación. Trabajar en lo que te gusta te aporta satisfacción aquí y ahora. Entonces, ningún trabajo arduo se siente como un trabajo.

5. Ser fiel a ti mismo

Sentirse feliz es el sello de tu verdadero yo y la forma más segura de saber que no estás traicionando tus valores fundamentales. Ser fiel a ti mismo debería ser una alegría. Si, en cambio, te identificas con tu ego, estás sustentando todo en una base insegura. El "yo" es una guía falsa porque nunca se le acaban los deseos, las excusas, los miedos, la envidia y la culpa. Mejor identifícate con las experiencias que te aportan una realización segura.

6. Ser fiel a tus valores fundamentales

Los *valores* se han convertido en una palabra política cargada de creencias obstinadas y prejuicios descarados. Los valores fundamentales son diferentes. Implican amor, compasión, verdad, lealtad, autoestima, humildad y crecimiento personal. Ten en cuenta que los valores más altos de la vida no significan nada hasta que son *tus* valores más altos.

7. Centrarte en la conciencia

No puedes cambiar nada en tu vida a menos que primero seas consciente de ello. La conciencia no es lo mismo que la lógica y la razón. No puedes averiguar la conciencia; es un hecho, es la fuente de todo en la creación. Tu papel es alinearte con el flujo de la conciencia, lo que significa hacer lo mejor posible para tomar decisiones evolutivas con tu tiempo, esfuerzo, emociones y dinero: son importantes.

Esbozar lo que funciona y lo que no es útil porque es práctico. La mayoría de las personas se aferran a un comportamiento que no funciona por costumbre. Normalmente ni siquiera saben por qué. Nos dejamos llevar por comportamientos autodestructivos una y otra vez solo por inercia.

La mejor manera de vivir está en el camino de la evolución; por lo tanto, la mejor manera de ganar y utilizar el dinero está en el mismo camino. Sin embargo, hay una cuestión más metafísica. El misterio oculto en la inteligencia creativa es este: ¿utilizamos la inteligencia creativa o esta nos utiliza? Esta pregunta tiene sentido cuando se observa el desarrollo de la infancia. A partir de la primera infancia, el niño hace descubrimientos trascendentales que no implican ninguna elección consciente, como caminar. Ningún bebé llegó a la etapa de caminar pensando: "Hmmm, todas esas personas más grandes se mueven erguidas sobre dos piernas. Debería probarlo". Arrastrarse en cuatro patas funciona para cualquier otro animal. Incluso en el mundo de los primates, un mono o un simio, a pesar de ser capaz de caminar erguido durante un corto periodo, no sigue haciéndolo. Siempre prefieren utilizar los brazos como si fueran piernas.

A ti y a mí no se nos permitió una preferencia. Aprendimos a caminar gracias a un impulso interior que funcionaba dentro de nosotros. Era un impulso de inteligencia creativa que nos utilizaba para su propio propósito. En la cara de un niño pequeño puedes ver la mezcla de asombro, miedo y placer cuando empieza a caminar. Se le hace un regalo y al niño le resulta irresistible aceptarlo, pero hay una gran incertidumbre en torno al proceso. Volver a gatear se siente seguro; caer de bruces se siente doloroso. Pero un niño pequeño se arriesga al dolor en el momento, por una habilidad que le será enormemente útil más adelante. Un niño pequeño no tiene idea del futuro, pero la inteligencia creativa sí. De hecho, sabe mucho sobre el futuro, y menos mal; cada paso hacia el lenguaje, las habilidades motrices avanzadas y el pensamiento superior se desarrolló en ti porque un impulso interior ya estaba en marcha para guiarte.

La inteligencia creativa es la conciencia en acción, y una vez que conectas con ella estás en camino de obtener recompensas incalculables. Cuando Einstein declaró que no se puede hacer ningún gran descubrimiento en la ciencia sin un sentido de asombro, conectó los más altos logros de la mente con el brillo en los ojos de un niño pequeño al descubrir lo maravilloso que es caminar. Hay nuevos mundos por descubrir cuando el asombro se expande para encontrarlos.

Conciencia simple

Lo que es consciente se puede cambiar. Esa parte no es complicada. Obviamente, no puedes cambiar aquello de lo que no eres consciente. Sin embargo, la conciencia en realidad es el motor más poderoso para el cambio, lo cual no es muy conocido. Aquí tenemos que ampliar nuestra perspectiva. Como vimos, tu actitud hacia el dinero está enredada con todo lo demás que quieres y temes, con lo que sueñas y lo que te propones lograr. Por un momento, veamos el panorama general. El Yoga enseña que cuanto más sabes sobre la conciencia, más claramente puedes ver el camino hacia el éxito y la riqueza.

Todo el tiempo el dharma muestra el camino a seguir. Inevitablemente, el camino hacia delante implica un cambio; por lo tanto, el dharma señala dónde debe producirse el siguiente cambio. Cada vez que tienes un momento de percepción repentina, el cambio se produce al instante. De nuevo, no hay ningún misterio. Si de repente recuerdas que tenías que reunirte con alguien a las tres, sales corriendo por la puerta porque tu comprensión es todo lo que necesitas para motivarte.

Hay percepciones más profundas que llegan de forma más esporádica, pero recuerdo a individuos que me dijeron personalmente que darse cuenta de lo siguiente cambió su vida:

- Soy un adulto.
- Sí pertenezco.
- Soy amado.
- Soy digno de ser amado.
- Soy bueno en lo que hago.
- Soy una buena persona.
- Soy una persona genuina.
- Soy importante.

Las palabras son sencillas, pero su impacto en estas personas les cambió la vida, porque no eran las palabras las que tenían tanto poder, sino el cambio de conciencia. Esas percepciones son mensajes del alma, o del verdadero yo. Como nos dicen algo verdadero e indeleble sobre nosotros mismos, el cambio que producen es un momento "ajá" que provoca que la vida se sienta diferente a partir de entonces. Puedes hacer buenas obras durante toda tu vida para demostrar que eres una buena persona, pero en realidad en tu interior estás tratando de convencerte a ti mismo de ello, más que a los demás. Una visión que te dice que sin lugar a dudas eres una buena persona, no implica ninguna lucha y no trae dudas. Entonces, las buenas obras que realizas surgen de forma natural y te aportan alegría.

Provocar un cambio repentino no es algo que puedas planificar, controlar o programar. El alma tiene su propia manera de programar las experiencias que llamamos epifanías. Pero puedes cultivar el estado de conciencia que abre el camino a la percepción y la revelación. Este estado se conoce como conciencia simple, y llegar a él no supone ningún esfuerzo.

La conciencia simple es el silencio entre dos pensamientos, el espacio entre el final de un pensamiento y el comienzo de otro. En la vida cotidiana, este intervalo pasa tan rápido que no lo notamos, pero en la conciencia simple el intervalo entre los pensamientos dura más de lo habitual. En lugar de que un nuevo pensamiento aparezca al instante en tu cabeza, experimentas una mente tranquila. Esto es más que un rápido restablecimiento de tu cerebro. Estás teniendo una experiencia con su propio sabor, su propia firma. Si desgloso esto, seguro reconocerás lo que quiero decir.

CÓMO SE SIENTE LA CONCIENCIA SIMPLE

- Tranquilo, calmado, pacífico
- Contento
- Relajado
- Completo
- Abierto
- Inalterado por los pensamientos
- Sin memoria
- Sin necesidad, deseo o temor

La conciencia simple es la línea basal. No es una meta que debas buscar y perseguir. Puedes vislumbrarla después de terminar una gran cena o al apreciar una gran obra de arte, mientras escuchas a Bach o a tu hijo jugando. Estos atisbos son la prueba de una importante enseñanza del Yoga: la mente busca naturalmente su fuente. Se conectará con tu alma, o tu verdadero ser, si le das espacio para entrar. Para ir ahí no tienes que engañar a tu mente, ni mucho menos forzarla a ello.

La mente es expulsada de la conciencia simple todo el tiempo. Podrías suponer que lo que la expulsa es el siguiente pensamiento, pero no es así. La brecha entre dos pensamientos cambia. Puede ser superficial o profunda. Cuando estás ansioso, con pánico, excitado, agitado o inquieto, los pensamientos empiezan a correr y el espacio entre ellos se siente ansioso, con pánico, excitado, agitado o inquieto. Por el momento, mientras te sientas así, tu punto de referencia no está siendo profundo, tranquilo y relajado.

Hay una imagen yóguica útil para esto, conocida como tensar el arco. En el tiro con arco se jala la cuerda del arco hacia atrás y, dependiendo de lo lejos que la puedas lanzar, la flecha sale disparada hacia delante con más velocidad y potencia. La mente funciona de la misma manera. Entre dos pensamientos, se tira de la mente hacia atrás en silencio, y a partir de ahí se lanza el siguiente pensamiento. Nos referimos a los "pensadores profundos" por esta razón, porque reconocen que cuando se detienen a pensar están profundizando en su conciencia más que la persona ordinaria. Pero lo profundo no es el pensamiento, sino la flecha que permites que vuele desde la conciencia profunda.

Con la meditación puedes lograr que tu silencio interior sea aún más profundo porque, como señalé anteriormente, para la mente es natural el deseo de encontrar su fuente; quiere estar conectada con el alma. Lo que necesitamos es una forma de volver a la conciencia simple, como se ilustra en el siguiente cuadro.

CÓMO ALCANZAR LA CONCIENCIA SIMPLE

La conciencia simple está aquí y ahora. O estás en ella o estás en otro lugar. Tu mente ha sido arrastrada a un estado de conciencia que eclipsa el simple hecho de estar aquí y ahora.

Esto puede suceder porque sueñas despierto o por una distracción temporal. Las ocasiones en las que te ves arrastrado por un sentimiento negativo son más graves. Si te encuentras sintiendo la misma emoción negativa de forma persistente —por ejemplo, frustración, ira, ansiedad o depresión—, no eres consciente del presente. En cambio, el pasado regresa para hacerte una visita no deseada.

Aquí hay tres situaciones específicas que surgen en nuestra vida y las formas para volver a la conciencia simple.

1. LA REPETICIÓN Y EL ABURRIMIENTO

Cuando te sientes aburrido y experimentar lo mismo de siempre te desanima, no estás en la conciencia simple. Sin saberlo, no estás presente. El momento presente es creativo, porque abre el camino a nuevos pensamientos, sentimientos e inspiración. Tu mente naturalmente quiere estar en el ahora, a menos que se distraiga. Si te sientes distraído, estresado o desconectado, lo mejor que puedes hacer es centrarte.

La práctica es muy sencilla. Busca un lugar donde puedas estar a solas, cierra los ojos y respira profundo varias veces.

Ahora centra tu atención en la región del corazón, en el centro del pecho. Inhala profundo y llena de aire la región del vientre para que empujes hacia fuera. Ahora exhala despacio. Al final de la exhalación, haz una pausa, cuenta 1, 2, 3 y repite.

Este sencillo método de respiración controlada se conoce en Yoga como Pranayama, y en la medicina occidental como respiración vagal (llamada así por el nervio vago, que es crucial para la respuesta de relajación). La técnica es una de las formas más útiles y rápidas de centrarte y relajarte, y entrar en la conciencia simple.

2. CREENCIAS NEGATIVAS

La conciencia simple es abierta, pero es común descubrir que tu mente está cargada de reacciones automáticas. La gente se queda atorada en creencias arraigadas que son desalentadoras, autodestructivas, enjuiciadoras y, en general, negativas. Por ejemplo, es posible que te encuentres creyendo lo siguiente:

- La vida es injusta.
- El mundo es un lugar amenazante.
- Para ser aceptado hay que seguir la corriente.
- Nadie verá por mí más que yo.
- Hay que abrirse camino hasta la cima.
- A la persona común no le pasa nada bueno.
- La vida es una mierda y luego te mueres.

Estas creencias se quedan grabadas en nuestra mente sin saber de dónde vienen ni por qué las creemos. Como las creencias se forman en el pasado, te sacan del presente. Tu conciencia no es sencilla, ni abierta y clara.

Hay creencias similares que surgen en situaciones difíciles, como salir en una primera cita o tener una entrevista de trabajo. Empiezas a creer en pensamientos autodestructivos que te sujetan emocionalmente y te dificultan ver las cosas de forma racional y clara. Ejemplos típicos:

- Esto no va a salir bien.
- Algo va a salir mal.
- Ya he estado aquí antes y huelo que habrá problemas.
- No puedo hacer frente a esto.
- Todo es demasiado abrumador.
- ¿Por qué pensé que esto funcionaría?

Estas reacciones inmediatas nacen de la costumbre. Reflejan la creencia de que no eres adecuado para afrontar la situación. Si estos pensamientos bloquean tu visión, intenta primero centrarte, como describí anteriormente.

Si le sigue costando trabajo volver a un estado de calma y centrado, lleva a cabo alguna acción para cuidar de ti mismo. Esto no sucede al instante. Debes encontrar un momento en el que estés tranquilo y calmado internamente, y luego hacer una pequeña investigación sobre las raíces del problema. Toma cualquier creencia negativa o autodestructiva, y verás que se ha alojado en tu mente debido a las siguientes condiciones engañosas, a las que nos enfrentamos todos:

- Le creemos a la primera persona que nos dijo algo.
- Creemos las cosas que se repiten con frecuencia.
- Les creemos a las personas en las que confiamos.
- No escuchamos una creencia contraria.

Cuando te encuentres atorado en una creencia negativa, algo que te hace sentir mal contigo mismo, plantéate las siguientes preguntas:

- ¿Quién me lo dijo por primera vez?
- ¿Se repitió mucho?
- ¿Por qué confié en la persona que me lo dijo?
- ¿Hay razones para creer lo contrario?

En otras palabras, tienes que invertir la experiencia que te hizo aferrarte a una creencia en primer lugar. Al darle la vuelta al pasado, logras entender cómo se atoró tu mente.

Si tu madre te dijo que no eres guapo o tu padre te dijo que eres perezoso, ¿por qué deberías confiar en ellos de forma automática? No importa cuántas veces hayas escuchado su opinión. Ahora que eres adulto puedes separar la opinión de los hechos. Vuelve atrás y considera las experiencias que indicaron lo atractivo que eres a los ojos de otras personas, o el esmero con el que te aplicaste a una tarea que realmente te interesa. En sí mismo, invertir las viejas impresiones es sanador, y puedes volver a estar en la conciencia simple.

3. MALOS RECUERDOS

Tal vez la forma más común de estar atorado en el pasado sucede en la memoria. Las viejas heridas y traumas vuelven, advirtiéndonos que no repitamos algo malo que ocurrió en el pasado. Lo más complicado de un recuerdo es su carga emocional, que algunos psicólogos han denominado "deuda emocional", algo que todo el mundo tiene. Nos aferramos con necedad a viejos resentimientos, agravios, miedos y sentimientos heridos como si fueran viejas deudas que no han sido pagadas y saldadas.

Esto nos da una pista para desatorarnos. En lugar de intentar recordar esa fiesta de cumpleaños a la que nadie llegó, observa el sentimiento que te produce este mal recuerdo. En lugar de volver a recordar una relación que terminó con recriminaciones, céntrate en la sensación que te produce el recuerdo. Los recuerdos son difíciles o imposibles de borrar, pero la deuda emocional puede descargarse.

Las siguientes técnicas para descargar la deuda emocional son fáciles y eficaces. Las emociones, por su propia naturaleza, suben y bajan, y la mayoría de las veces basta con un periodo de enfriamiento para volver a un estado de calma. Pero los estados emocionales complicados (es decir, obstinados) no se desvanecen por sí solos. Te piden que les ayudes y los descargues mediante diversas prácticas.

TÉCNICA #1: si sientes una emoción incómoda que persiste, céntrate y respira lento y profundo hasta que sientas que la carga emocional empieza a disminuir.

TÉCNICA #2: si reconoces una emoción que ha estado presente durante mucho tiempo, date cuenta de que regresó y luego di: "Así era antes. Ahora no estoy en el mismo lugar".

La toma de conciencia desactiva la intensidad de las emociones negativas, pero esta intensidad varía de una persona a otra. La clave es no apartar esos sentimientos. Si te sientes con una emoción negativa con la intención de abrazarla en tu conciencia, esta técnica puede ser muy eficaz. Agradecer que una emoción llame tu atención y sentarte en silencio hasta que se desvanezca es mucho mejor que resistirte a ella. La resistencia solo hace que la emoción no deseada se esfuerce aún más por llamar tu atención.

TÉCNICA #3: con una emoción particularmente obstinada, siéntate en silencio con los ojos cerrados y permítete sentir la emoción: hazlo ligeramente, sin hundirte en ella. Respira profundo y exhala despacio, liberando la energía emocional de tu cuerpo. Puede ayudarte ver tu respiración como una luz blanca que lleva el sentimiento tóxico fuera de ti.

TÉCNICA #4: si no sientes ninguna emoción específica, sino un estado de ánimo general de desaliento, tristeza o falta de energía, siéntate en silencio con la atención puesta en la región del corazón. Visualiza una pequeña luz blanca ahí, y permite que se expanda. Observa cómo la luz blanca se ensancha hasta llenar todo tu pecho. Ahora llévala hacia la garganta, luego hacia la cabeza y la coronilla.

Tómate unos minutos para llevar a cabo esta técnica hasta que la sientas completa. Ahora vuelve a tu corazón y expande la luz blanca de nuevo hasta que llene tu pecho. Ahora ve cómo se extiende hacia abajo, llenando tu abdomen, hacia las piernas y, finalmente, saliendo por las plantas de los pies hacia la tierra.

Puedes aplicar estas cuatro técnicas por separado, o bien una tras otra. Pero es importante tener paciencia. Una vez que utilices una técnica, todo tu sistema emocional tardará en adaptarse a la descarga. En resumen, todo el mundo sufre algún tipo de bloqueo, pero ahora estás en condiciones de ser consciente de lo que ocurre y de tomar medidas para volver a la conciencia simple. La conciencia simple te permite vivir en el ahora, donde la realidad se renueva y se refresca.

SEGUNDA PARTE

Encuentra tu abundancia

El Yoga se aplica al dinero de formas que casi nadie espera. Pero mirando aún más profundo, el Yoga aborda la vida como conciencia en movimiento. Gracias a la generosidad del espíritu, la conciencia no se mueve al azar, como si jugara a los dardos con los ojos vendados. El dharma nos beneficia y nos apoya. Más allá del dinero, el dharma siempre está de tu lado. Podemos resumir esto en la palabra *abundancia*. Si tienes suficiente dinero, eres rico. Si tienes abundancia, te sientes realizado. Este es el verdadero objetivo del Yoga.

Los estudios psicológicos demuestran que tener suficiente dinero provoca que las personas se sientan mejor, pero, más allá de cierto punto, añadir más dinero a la vida disminuye la sensación de felicidad de una persona. Hay una pregunta crucial que cada uno de nosotros se hace en un momento u otro: "¿Esto es todo lo que hay?". Estas seis palabras sugieren sentimientos de carencia y sueños no realizados. Estamos confundidos acerca de por qué otras personas tienen más que nosotros: más amor, mayor seguridad financiera, más confianza y mayor éxito. El dinero es solo un pequeño aspecto. Quizá no te sientas realizado en tu carrera o en tus relaciones. En los peores momentos, puedes experimentar más sufrimiento que alegría. Lo peor de todo es la sensación de vacío. En nuestros momentos más oscuros, estos sentimientos nos dejan ansiosos, resentidos y perdidos, en busca de respuestas.

La gente utiliza todo tipo de tácticas para eludir su falta de plenitud. Estas tácticas incluyen la fantasía, las ilusiones, el consumismo interminable, las distracciones constantes y la negación. Estar bien en términos materiales no resuelve el problema. En su proyecto global para medir la sensación de bienestar de las personas, la Organización Gallup utiliza dos indicadores: sobrevivir y prosperar. *Sobrevivir* significa que uno se las arregla para salir adelante; *prosperar* significa que la vida va bien. No hay una norma objetiva para los dos; simplemente se pide a la gente que elija uno según cómo se sienta. Incluso en los países más ricos y desarrollados, solo un tercio de los encuestados le dice a Gallup que está prosperando. Si ves los datos recogidos en todo el mundo, los que respondieron "sin recursos" superan por mucho a los que respondieron "con recursos".

LA ACTITUD DE LA ABUNDANCIA

Si he descrito bien el panorama —y creo que la mayoría de la gente se reconocerá en él—, hay una necesidad urgente de abundancia. El Yoga equipara la plenitud con una actitud de abundancia. Esto se acerca a lo que mide Gallup. O tienes una actitud de abundancia (prosperidad) o una actitud de carencia (supervivencia).

Dos tercios de las personas de las sociedades prósperas tienen una actitud de carencia, que es emocional y psicológica. No tiene nada que ver con el tamaño de su cuenta bancaria. Sin enfrentarnos a nuestra actitud de carencia, tú y yo hemos modelado en silencio nuestro sentido del yo en torno a la limitación. Tenemos cuidado con lo que deseamos. Tememos ir más allá de nuestros límites seguros y de nuestras zonas de confort. En realidad, estos hábitos han moldeado nuestra identidad. Conocí a un hombre que dilapidó una ganancia inesperada de más de un millón de dólares. Era inteligente y sensato, y siempre había gestionado bien sus finanzas personales. Cuando el dinero desapareció, tuvo una idea. "Me veo como una persona de 40 000 dólares al año", me dijo. "Un millón de dólares no es lo que yo era. Así que me las arreglé para volver a los 40 000 dólares al año, a pesar de todo".

Una actitud de abundancia cambia tus expectativas, tu comportamiento e incluso tu identidad. Sin plenitud, no tiene sentido añadir más dinero y bienes de consumo a tu vida. H. L. Hunt, un multimillonario petrolero de Texas, era famoso por llevar zapatos viejos con agujeros en las suelas y un traje barato de JCPenney, que eran restos de una vida temprana de pobreza en el árido este de Texas. Nunca adquirió la actitud de la abundancia, que es donde realmente comienza nuestra historia.

CUESTIONARIO
¿Dónde estás ahora?

Si hoy te propones volver tu vida más abundante, tu punto de partida sería diferente al de cualquier otra persona. Las personas que se encuentran en tu nivel de ingresos, o por encima y por debajo de ti, tienen actitudes y creencias internas sobre la abundancia. Estas conforman el resultado de sus esfuerzos incluso antes de empezar.

Instrucciones: para cada una de las siguientes afirmaciones, marca "De acuerdo", "Neutral" o "En desacuerdo". Confía en la primera respuesta que salga de tu mente. Si te sientes bastante débil en el lado "De acuerdo" o "En desacuerdo", es mejor elegir uno que marcar "Neutral". Las dudas y los segundos pensamientos tienden a enturbiar la cuestión, en lugar de aclararla.

PARTE 1: ACTITUD DE CARENCIA

Las personas que se enriquecen suelen ser codiciosas.

De acuerdo [ ]   Neutral [ ]   En desacuerdo [ ]

El dinero es la raíz de todos los males.

De acuerdo [ ]   Neutral [ ]   En desacuerdo [ ]

Cuando alguien gana, otro tiene que perder.

De acuerdo [ ]   Neutral [ ]   En desacuerdo [ ]

Tiendo a notar mis insuficiencias.

De acuerdo [ ]   Neutral [ ]   En desacuerdo [ ]

Me bloqueo para alcanzar mis objetivos porque recuerdo mis fracasos pasados.

De acuerdo [ ]   Neutral [ ]   En desacuerdo [ ]

Es espiritual hacer un voto de pobreza.

De acuerdo [ ]   Neutral [ ]   En desacuerdo [ ]

La gente que me rodea debería apoyarme más.

De acuerdo [ ]   Neutral [ ]   En desacuerdo [ ]

Las cosas van mal si tienes expectativas demasiado altas.

De acuerdo ☐   **Neutral** ☐   **En desacuerdo** ☐

En el fondo, no me siento un triunfador.

De acuerdo ☐   **Neutral** ☐   **En desacuerdo** ☐

No tengo ni idea de por qué algunas personas fracasan y otras tienen éxito.

De acuerdo ☐   **Neutral** ☐   **En desacuerdo** ☐

No llegas a ningún lado si no te lo ganas.

De acuerdo ☐   **Neutral** ☐   **En desacuerdo** ☐

Las personas malas juegan mejor que las buenas.

De acuerdo ☐   **Neutral** ☐   **En desacuerdo** ☐

Lo importante es mantener lo que tienes.

De acuerdo ☐   **Neutral** ☐   **En desacuerdo** ☐

PARTE 2: ACTITUD DE ABUNDANCIA

Si me propongo un objetivo, estoy seguro de que lo alcanzaré.

De acuerdo ☐   **Neutral** ☐   **En desacuerdo** ☐

Es cierto que puedes crear tu propia suerte.

De acuerdo ☐   **Neutral** ☐   **En desacuerdo** ☐

La oportunidad está ahí, si la buscas.

De acuerdo ☐   **Neutral** ☐   **En desacuerdo** ☐

Creo en ser generoso con mi tiempo, dinero y recursos.

De acuerdo ☐   **Neutral** ☐   **En desacuerdo** ☐

La actitud de dar me ha servido de mucho.

De acuerdo ☐ **Neutral** ☐ **En desacuerdo** ☐

Puedo olvidar mis fracasos pasados con bastante facilidad, en comparación con la mayoría de la gente.

De acuerdo ☐ **Neutral** ☐ **En desacuerdo** ☐

La gente es básicamente buena.

De acuerdo ☐ **Neutral** ☐ **En desacuerdo** ☐

Todo sucede por una razón.

De acuerdo ☐ **Neutral** ☐ **En desacuerdo** ☐

Mi vida tiene un fuerte propósito.

De acuerdo ☐ **Neutral** ☐ **En desacuerdo** ☐

Mi trabajo tiene sentido para mí.

De acuerdo ☐ **Neutral** ☐ **En desacuerdo** ☐

EVALÚA TUS RESPUESTAS

Este no es un cuestionario con una puntuación numérica, pero aun así puedes hacerte una buena idea de tu punto de partida con la abundancia. Sería raro, si no imposible, estar de acuerdo con todas las preguntas de ambas partes del cuestionario, ya que hablan de actitudes opuestas. En su lugar, verás que marcaste "De acuerdo" y "En desacuerdo" en proporciones variables.

Tienes una actitud de carencia si estás de acuerdo con seis o más afirmaciones en la parte 1. (Tal vez también marcaste "En desacuerdo" varias afirmaciones de la parte 2.) Esto es indicativo de muchas cosas, como:

- Inseguridad en ti mismo
- Baja autoestima
- Escepticismo
- Pesimismo
- Recuerdo de fracasos pasados
- Opiniones recibidas
- Estar a la defensiva
- Inseguridad financiera

Estos factores tienen que ver contigo y tu sistema de creencias, no con el mundo "ahí fuera". Es más probable que tomes acciones autodestructivas y decisiones impulsivas. Quizá te resulte difícil establecer metas más altas sin sentirte derrotado antes de que des el primer paso. No estoy culpando a nadie. Por desgracia, el mundo pone injustamente obstáculos para alcanzar el éxito y la abundancia. No puedes cambiar el mundo, pero puedes cambiar los obstáculos internos que has creado.

Tienes una actitud de abundancia si estás de acuerdo con seis o más afirmaciones de la parte 2. (Es probable que también hayas marcado "En desacuerdo" en varias afirmaciones de la parte 1.) Esto es indicativo de varias cosas, como:

- Confianza en ti mismo
- Optimismo
- Independencia
- Seguir adelante después de los contratiempos
- Un sistema de apoyo sólido

- Aceptación de los demás
- Una actitud libre de prejuicios

Estas cosas te dan fuerza interior y resistencia frente a los obstáculos. No te autodestruyes cuando pasas a la acción y tomas decisiones clave. Tienes más probabilidades que la mayoría de las personas de ser emocionalmente estable y de ver las situaciones con claridad. Establecer objetivos más elevados no te provoca ansiedad ni te hace sentir el fantasma de la derrota.

Si marcaste "Neutral" más de cinco veces en cualquiera de las partes, o si marcaste "De acuerdo" más de cinco veces en ambas partes, es probable que estés en negación. Las afirmaciones del cuestionario son potentes y no es realista sentirse neutral acerca de muchas de ellas. La negación es una posición segura, pero también limitante. Implica aventurarte poco y ganar poco. Esto afecta nuestros deseos, anhelos y sueños, así como los riesgos que asumimos.

Si quieres una actitud de abundancia, empieza con una simple toma de conciencia. Como vimos antes (página 73), la conciencia simple es un estado de calma, de mente tranquila, centrada y sin problemas. En sí misma, la conciencia simple logra solo la primera mitad de la plenitud, que es una sensación de no carencia. La segunda mitad se alcanza por la forma en que se desarrolla tu vida. Quieres sentirte realizado en el trabajo, en las relaciones, en tu vida familiar y en tus aspiraciones espirituales.

Aquí es donde entra la conciencia. Estando en la conciencia simple empiezas a presenciar cambios que te demuestran personalmente que el dharma te está apoyando. La generosidad de espíritu es meramente una bonita idea, a menos que tu vida cambie de verdad. Los seres humanos somos complejos y no hay dos personas que tengan las mismas expectativas. Aun así, hay una gran cantidad de formas en las que la plenitud llega a nosotros.

CÓMO SE DESARROLLA LA PLENITUD

- Empiezas a vivir en el aquí y ahora, ignorando la voz en tu cabeza que repite una letanía de viejos miedos, heridas, contratiempos y decepciones.
- Destierras las preocupaciones por considerarlas inútiles e innecesarias.
- Actúas con generosidad, en lugar de con egoísmo.
- Dejas de depender de la aprobación de otra persona
- Dejas de temer la desaprobación de los demás.
- Reclamas la responsabilidad de tus propias emociones y reacciones.
- Renuncias a la culpa.
- Permites que surjan tus impulsos creativos.
- Respondes desde tu corazón.
- Buscas la belleza, el amor y la alegría, mientras dejas de buscar defectos, problemas y los peores escenarios.
- Practicas el aprecio, la atención y la aceptación.
- Abrazas tu sentido interno del ser.
- Creas tu propia felicidad.
- Ofreces simpatía a quienes la necesitan.

- Estás al servicio de los demás dondequiera que estés.
- Dejas de resistirte y empiezas a unirte al flujo.

Como puedes ver, la actitud de abundancia tiene que ser algo más que puro optimismo o pensamiento positivo; va más allá de un sistema de creencias o de una cuestión de fe. La abundancia debe convertirse en parte de tu identidad, como se expresa en la frase: "Soy suficiente". Cuando esta es tu verdad, entonces el mundo también es suficiente.

Como los seres humanos somos complejos, la plenitud tiene muchos aspectos. Los japoneses tienen un concepto conocido como *Ikigai*, que se define como "una razón de ser". Si puedes alcanzar el Ikigai, cuyas raíces se remontan a la medicina tradicional japonesa, tu vida será plena. Para lograrlo, debes emprender acciones dirigidas a cuatro objetivos principales:

- Amor
- Cosas en las que eres bueno
- Estilo de vida asequible
- Lo que el mundo necesita

La abundancia no tiene ningún valor si no se cumplen estas cuatro áreas. No se puede contar el amor de la misma manera en que se cuentan los botes de mantequilla de cacahuate, las pizzas congeladas y los coches, pero todos conocemos la diferencia entre el vacío y la plenitud en cuestiones de amor. Ikigai nos abre los ojos a cómo construir una vida con propósito y sentido. El concepto, que forma parte de la vida cotidiana de millones de japoneses, se originó en la isla de Okinawa en una fecha desconocida, aunque la palabra *Ikigai* en sí puede rastrearse hasta el siglo VIII de nuestra era.

Una de las virtudes del Ikigai que no atrae a la sociedad occidental es que pone a todo el mundo en el mismo nivel, teniendo en cuenta el bien común por encima de todo. La individualidad es secundaria. Esto es considerado importante por un pueblo tan tradicional como el japonés. Pero no hay ninguna novedad en atribuir la felicidad a la vida que es impulsada por un propósito, o en enraizar tu propósito en algo en lo que crees con pasión: los dos conceptos tienen siglos de antigüedad.

Otra variante se encuentra en la India, donde hasta el día de hoy se enseña a los niños que los cuatro objetivos de la vida, tal como se establece en las tradiciones espirituales más antiguas, son Artha, Kama, Dharma y Moksha.

* *Artha* es la prosperidad en términos materiales.
* *Kama* es la satisfacción del amor, el placer y los deseos en general.
* *Dharma* es la moralidad, la búsqueda de una manera justa de vivir.*
* *Moksha* es la realización espiritual a través de la liberación o la libertad interior.

Las palabras en sánscrito no deben inducirnos a pensar que se trata de conceptos meramente hindúes. A un niño que nace en cualquier generación, incluido yo, se le enseñan estos cuatro valores porque tienen un atractivo universal. Implícitamente, los cuatro objetivos son alcanzables por cualquiera. Además, la vida se distorsionará si no se presta atención a cada objetivo. Mira a tu alrededor y serás

---

* Las palabras sánscritas tienen una gama de significados, y *dharma* se utiliza de manera informal para significar la manera de ganarte la vida.

testigo del desequilibrio que se produce cuando solo dominan Artha, o prosperidad material, y Kama, la búsqueda del deseo y el placer, excluyendo el lado moral y espiritual de la vida. Añaden sentido a la abundancia, y lo único que el ser humano no puede tolerar por mucho tiempo no es la pobreza, sino una vida sin sentido.

Aceptemos que los dos modelos de vida abundante de la India y Japón son deseables; casi nadie estaría en desacuerdo. Pero ¿son alcanzables? Aquí es donde apuntar solo a la abundancia material comienza a desbaratarse. Cuando decimos que "el dinero no puede comprar la felicidad", el problema no es el dinero, sino la palabra *comprar*. La felicidad no es una transacción. No se le puede poner precio porque todo el esquema comercial de precios, compras, intercambio de bienes por servicios, obtención de la mayor cantidad de dinero, nada de esto tiene sentido cuando se busca la riqueza interior. La vida solo se vuelve satisfactoria cuando se actúa desde el nivel del sentido.

Sin embargo, muchas personas abordan una nueva relación con intenciones comerciales, aunque no se den cuenta. Desde un punto de vista transaccional, tener una cita implica una lista de control de cualidades deseables, como la que se usa para comprar un auto nuevo. La relación se basa en marcar casillas para asegurarse de que el posible amante es atractivo, próspero, inteligente, divertido, no demasiado egocéntrico y dispuesto a prestarte atención. Sin embargo, ninguna de estas casillas, incluso si se marcan todas, dice que una relación vaya a ser realmente significativa. Una relación rica y satisfactoria, al igual que una vida rica y satisfactoria, proviene del interior.

PONER LA PLENITUD EN PRIMER LUGAR

El Yoga encarna una gran verdad: todo lo que podemos necesitar está disponible en abundancia. Una actitud de carencia va en contra de esto y, por lo tanto, falsea la realidad. Entre todos los seres vivos, el ser humano ha recibido el paquete completo que la naturaleza puede ofrecer. Nuestra especie puede comer casi cualquier alimento, adaptarse y vivir en cualquier parte del planeta, hablar diferentes idiomas, elegir entre un sinfín de pensamientos y perseguir deseos igualmente infinitos.

Todo tipo de abundancia "ahí fuera" surgió de una idea semilla "aquí dentro". Cada uno de nosotros vive en el flujo de la inteligencia creativa que convierte los deseos y sueños invisibles en realidad física. No cabe duda de que el paquete completo es tu derecho de nacimiento. Por desgracia, muchos de nosotros no nos damos cuenta del poder interior que tenemos para crear un mundo hermoso. Y, como verás, no vivir con el paquete completo ha afectado gravemente a tu vida. Esta carencia pide a gritos la sanación y la transformación.

Ver solo posibilidades limitadas crea dificultades y sufrimiento, pero ¿puede una actitud de abundancia en sí misma llevarte a donde quieres estar? Está claro que no. Hay que enfrentarse a la vida real —el tráfico, el tiempo, los problemas globales de salud, los altibajos económicos— y, para la gran mayoría de la gente, la existencia diaria se parece a esto:

_____ *Ideales.* _____
"Vida real"
_____ *Expectativas* _____

El diagrama es sencillo, pero alarmante. Podemos ver que existe una brecha entre los ideales que apreciamos y lo que el mundo "ahí fuera" nos permite tener. Vale la pena poner la "vida real" entre comillas porque cada uno tiene una concepción diferente de lo que es la vida real. Es evidente que no es lo mismo nacer pobre que rico, niña que niño, persona de color que blanca. Sin embargo, seas quien seas, es probable que creas que la vida real fue la causa: quizá no la única, pero sí la principal.

Para demostrar lo que quiero decir, a continuación enlisto una serie de creencias comunes a las que todos hemos estado expuestos (ya mencioné antes algunas). Muchas personas tienden a aceptar estas creencias, en mayor o menor medida, sin pensarlo mucho. Tómate un momento para ver en cuáles crees esporádicamente, o quizá más que de vez en cuando.

CREENCIAS COMUNES SOBRE LA "VIDA REAL"

- La vida es injusta.
- Todo es un juego de dados.
- Para ser aceptado hay que seguir la corriente.
- Cuida de ti mismo, nadie lo hará por ti.
- El mundo no te debe la vida.
- Lo que llega fácil, fácil se va.
- No puedes luchar contra el poder.
- Cada minuto nace un tonto.
- Eres un ganador nato o un perdedor nato.
- La vida es una mierda y luego te mueres.

La lista anterior podría titularse "10 maneras fáciles de reducir tus expectativas". Debo afirmar rotundamente que estas creencias contribuyen a tu actitud de carencia. Sin embargo, incluso sabiendo esto, puede ser difícil liberarte de su influencia. Un antídoto es iluminar estas creencias para exponer las falsas lecciones que hemos tomado como verdad. Analicemos estas creencias comunes un poco más de cerca.

La vida es injusta.
    Falsa lección: por su propia naturaleza, la realidad está preparada para derrotar la felicidad.

Todo es un juego de dados.
    Falsa lección: el azar manda. Derrota a las personas buenas y premia a las malas todo el tiempo.

Para ser aceptado hay que seguir la corriente.
    Falsa lección: el conformismo es la única forma segura de vivir.

Cuida de ti mismo, nadie lo hará por ti.
    Falsa lección: el egoísmo debe ser tu primera preocupación.

El mundo no te debe la vida.
    Falsa lección: nada bueno sucede sin esfuerzo y lucha.

Lo que llega fácil, fácil se va.
    Falsa lección: conseguir lo que quieres no es duradero.

No puedes luchar contra el poder.

Falsa lección: el poder siempre le gana a la justicia.

Cada minuto nace un tonto.

Falsa lección: la mayoría de la gente existe para que se aprovechen de ella.

Eres un ganador nato o un perdedor nato.

Falsa lección: el destino no está en nuestras manos.

La vida es una mierda y luego te mueres.

Falsa lección: el mundo es un valle de lágrimas, que termina sin nada que mostrar, excepto la extinción.

Todos tenemos la costumbre de creer que la "vida real" está preparada para obstaculizar lo que queremos para nosotros. Cuando la desgracia llega a gran escala —a través de guerras, catástrofes naturales, crisis económicas o una conmoción totalmente inesperada como una pandemia mundial—, estos acontecimientos sirven para reforzar nuestra creencia de que la vida real tiene la primera y la última palabra. A medida que nuestras expectativas se desvanecen, nuestros ideales se convierten en un sueño, una ilusión y una gran decepción.

¿Qué podemos hacer sino jugar al juego de la vida y arriesgarnos? El Yoga enseña que hay que enfrentarse a la "vida real" de una nueva manera. Tiene que haber una expansión consciente de las posibilidades que estamos dispuestos a aceptar; de lo contrario, la limitación impuesta por uno mismo nunca desaparecerá por sí sola. Para crear esta expansión, el Yoga se basa en dos cosas: la atención y la intención.

La *ley de la atención* sostiene que cualquier cosa en la que pongas tu atención, crece.

La *ley de la intención* dice que el mundo "ahí fuera" obedece a tus deseos más profundos.

Cuando unes estas dos leyes, el resultado se conoce en sánscrito como *Sankalpa*. Las definiciones comunes de *Sankalpa* son un deseo sincero, un voto o una resolución de actuar. Sin embargo, la mejor interpretación es "intención sutil". En su forma más leve, un Sankalpa no necesita palabras. Si tienes la intención de levantar el brazo, la intención es suficiente. Si te pones a hablar, tu intención reúne un número notable de elementos: la acción de los pulmones, las cuerdas vocales, la lengua, etcétera. Además de estas partes del cuerpo, tu intención de hablar hace que surjan las palabras, y estas dependen de la activación de tu memoria, tu vocabulario y la capacidad de concatenar todo para que tenga sentido.

No cabe duda de que la intención sutil es asombrosa, pero la damos por hecho. Sin embargo, si se pone bajo el microscopio, el poder de la intención se revela por lo que se logra en silencio.

* Un deseo pasa del mundo invisible al visible.
* Tu intención está automáticamente unida a su cumplimiento.
* Cada ingrediente engrana a la perfección.
* La autoorganización guía todo el proceso.

Un investigador de la ciencia médica puede pasarse toda la vida comprendiendo la mecánica del habla, con aportaciones de neumólogos, neurólogos y todos los demás. Si un solo paso se desvía puede ser un desastre. Pero en la vida cotidiana simplemente dejamos que Sankalpa se encargue de todo y, de miles de maneras, eso es lo que hace. La intención nos aporta todo lo que hemos ganado en la vida.

El punto complicado es que mover el brazo o empezar a hablar sucede "aquí", dentro del cuerpo-mente. Si quieres que el mundo "allá fuera" obedezca tus deseos, cualquier psiquiatra competente se preocuparía. El "pensamiento mágico", como se conoce, es un síntoma de delirio, psicosis o una imaginación hiperactiva, excepto en el Yoga.

El Yoga no reconoce ninguna separación entre "aquí dentro" y "allá fuera". Tus intenciones están en igualdad de condiciones. Puedes tener la intención de levantar el brazo o de conocer a la persona que resultará ser el amor de tu vida. Estas dos intenciones pueden organizarse a través de Sankalpa. Por lo tanto, logra exactamente lo que hemos estado buscando, una manera de convertir una actitud de abundancia en abundancia real.

El flujo de la inteligencia creativa es universal: funciona en todas partes. Puedes dirigir el flujo a través de tus intenciones, en otras palabras, de tu deseo. Las reglas son claras en términos yóguicos.

EL PROCESO DE SANKALPA

- Permanece en la conciencia simple.
- Cuando te sientas calmado y tranquilo por dentro, forma una intención; es decir, un resultado que te gustaría ver.
- Declara la intención una vez y luego siéntate en silencio durante unos minutos.
- Deja ir la intención, asumiendo que obtendrás una respuesta.
- Permanece atento a la respuesta con la mente abierta.

Cada vez que pienses, hables o actúes, se producirán estos pasos, ya que se necesita una intención antes de que suceda algo en el cuerpo-mente. No hay razón para creer que es algo diferente llevar a cabo un Sankalpa fuera de tu cuerpo. Sin embargo, la sociedad no nos enseña que lo que deseamos marca una diferencia en el mundo exterior. Todos los que compran un billete de lotería, practican un deporte de competencia o quieren cualquier otra cosa que otros también desean, saben lo que es sentirse decepcionado. Cuando hay un juego de suma cero, solo puede haber un ganador.

¿Cómo afronta esto el Yoga? Al profundizar un poco más en el funcionamiento del dharma. Obtenemos el apoyo del dharma en las condiciones adecuadas y perdemos el apoyo del dharma en las condiciones incorrectas.

CONDICIONES CORRECTAS

- Tienes una intención clara.
- No sientes confusión ni conflictos en tu interior.
- Quieres lo que es bueno para ti; es decir, lo que es más evolutivo.
- No quieres hacerles daño a los demás.
- Quieres el mejor resultado para todos.
- Estás en tu dharma.

Algunas de estas condiciones tienen mucho sentido, pero otras parecen inalcanzables. ¿Cómo puedes saber lo que es evolutivo para ti? ¿Cómo puedes predecir qué resultado es el mejor para todos? Un escéptico podría calificar todo esto como prestidigitación: te prometen que tus sueños se harán realidad, pero luego te retiran la promesa y te echan la culpa por el fracaso.

Pero este escepticismo ignora el poder de Sankalpa, porque si tu deseo reúne las condiciones adecuadas, tus sueños se harán realidad. Cuando estás alineado con el flujo de la inteligencia creativa, los obstáculos externos se desvanecen. Las decepciones y los contratiempos suceden porque las condiciones equivocadas estaban presentes.

CONDICIONES ERRÓNEAS

- Tienes intenciones mezcladas.
- Tu intención era solo un capricho o un deseo. No estás en la conciencia simple.
- Lo que quieres dañará a otros.
- Lo que quieres está demasiado lejos de tu dharma.
- Interfieres en el proceso, en lugar de dejar que se desarrolle por sí solo.

La magia de Sankalpa es que funciona en automático. No tienes que investigar ni interferir, del mismo modo que levantar el brazo no requiere que conozcas la anatomía ni que lo levantes para ayudar a los músculos. El dicho popular "Todo sucede por una razón" requiere la actitud correcta, que es la de la confianza optimista. Formula tu intención, déjate llevar y observa lo que sucede.

Los principales obstáculos para Sankalpa son dos: la falta de atención y el karma. La falta de atención significa que has olvidado vigilar la respuesta. Las intenciones se hacen realidad, casi siempre, mediante una secuencia de pasos. Si quieres conocer a tu verdadero amor, no funcionará que te sientes a ver la televisión esperando a que suene el timbre. Tienes que poner atención para ver qué hacer a continuación. Tu verdadero yo sabe cómo hacerlo. Ya ha conectado tu Sankalpa con el resultado correcto. Después de aclarar tu intención, siempre habrá una señal sobre lo que viene a continuación. Puede ser una señal interna, tal vez un deseo casual de conocer al amigo de un amigo que te han sugerido. Pero lo más probable es que sigas haciendo lo que haces habitualmente, aunque en algún nivel sabrás que Sankalpa está haciendo funcionar sus engranajes invisibles.

El segundo obstáculo, el karma, es el comodín. Los patrones establecidos en el pasado pueden bloquear el resultado que deseas. No quiero decir que el karma sea inevitable. Como hemos visto antes (página 23), el karma del dinero puede mejorarse. Los pasos recomendados ahí funcionan para la vida en general. La clave es que el karma nunca es un obstáculo total; solo desvía tus expectativas. Un buen ejemplo es correr un maratón. Solo un corredor va a llegar a la meta para ser declarado ganador. Pero los demás corredores pueden experimentar la satisfacción de completar el recorrido, mejorar su mejor tiempo anterior o demostrarse algo a sí mismos. La sensación de plenitud hace que cada Sankalpa valga la pena.

Nada de lo que realmente valoras en tu vida actual —una relación amorosa, una buena familia, un trabajo valioso y gratificante, y el tiempo para disfrutar de estas cosas— surgió por casualidad. Provienen del deseo y la intención. Si te acercas a tu verdadero ser, el poder de la intención se vuelve más fuerte. En tu fuente en la conciencia pura, este poder se expande sin límites. La experiencia real es la de una dicha creciente. La vida dichosa está abierta a todo el mundo, y la frase "Sigue tu dicha" tiene profundas raíces en el Yoga, como vamos a ver.

TERCERA PARTE

Los dones de la inteligencia creativa

El sistema de chakras

Si quieres maximizar la abundancia en tu vida, necesitas utilizar tu conciencia cada vez mejor. En otras palabras, necesitas evolucionar. Hay un flujo evolutivo en la conciencia humana que se encarna en la inteligencia creativa. El Yoga es bastante específico al respecto. Hay siete cualidades de la inteligencia creativa que tienen el mayor valor evolutivo. Piensa en ellas como los dones de la inteligencia creativa porque son precisamente eso.

SIETE DONES DE LA INTELIGENCIA CREATIVA

- Dicha
- Inteligencia
- Expresión creativa
- Amor
- Acción exitosa, empoderamiento personal
- Placer sensual, sexualidad
- Seguridad, protección

Hay abundancia en todos los dones. La generosidad del espíritu no podría ser más evidente. Si evolucionas en estas siete áreas, vivirás una visión de la abundancia desconocida para la mayoría de la gente. No hay que convencer a nadie de que estos dones representan algo valioso. ¿Quién no querría sentirse dichoso en lugar de miserable? Las ventajas de tomar decisiones más inteligentes y de actuar con mayor eficacia son obvias. Por desgracia, la vida no se organiza en torno a estos dones debido a todo tipo de razones. La primera de ellas es nuestra incapacidad para navegar dentro de nuestra propia mente.

Cada día, cada uno de nosotros está inmerso en una corriente constante de pensamientos, sensaciones, deseos, sentimientos, esperanzas y preocupaciones. Para la mayoría de las personas, la corriente de conciencia es demasiado intensa. No les ayuda que se les diga que tienen un potencial infinito, algo fundamental en las enseñanzas del Yoga. En lo referente a las promesas, esto es algo abrumador. Si vieras infinitas posibilidades en tu vida te quedarías paralizado, como algunos escritores se quedan paralizados mirando un papel en blanco. Suponiendo un vocabulario adulto bastante amplio, de entre 10 000 y 20 000 palabras, la primera palabra que escribas en una hoja de papel o en un documento de Word requiere que sepas por qué no tomaste otras 10 000 o 20 000 elecciones.

Cuando todo es posible, elegir puede ser imposible. En otras palabras, limitar las opciones de la gente ha demostrado ser increíblemente útil. Los investigadores de mercado atribuyen el éxito de McDonald's a este hecho: durante décadas, el núcleo de su menú era una sola cosa, una hamburguesa, con unas cuantas opciones insignificantes, como cátsup o sin cátsup, cebolla o sin cebolla, un Big Mac o un Quarter Pounder. Tener una opción hace que la gente sienta que tiene el control, incluso cuando la mayoría de nuestras opciones cotidianas son insignificantes.

Pero reducir tus opciones a unas pocas manejables es todo lo contrario a la actitud de abundancia. Menos no es más. El Yoga nos rescata de este dilema con una única y poderosa enseñanza: la inteligencia creativa lo organiza todo por ti. No fluye a través de ti como el agua que sale a borbotones por una manguera de jardín o por un barranco. Si te alineas con la inteligencia creativa, esta organiza sin esfuerzo los pensamientos, las palabras y las acciones desde un nivel más profundo que la superficie de la mente, que es donde el juego aleatorio de los pensamientos es tan azaroso e imprevisible.

LOS SIETE CHAKRAS

La inteligencia creativa sigue un camino que pone de manifiesto sus siete cualidades. La tradición del Yoga ofrece un diagrama de flujo que muestra los siete chakras, tomados de la palabra sánscrita que significa rueda o círculo. Los chakras están dispuestos a lo largo de la columna vertebral, pero existen en la conciencia y no forman parte de tu anatomía física. He aquí una ilustración.

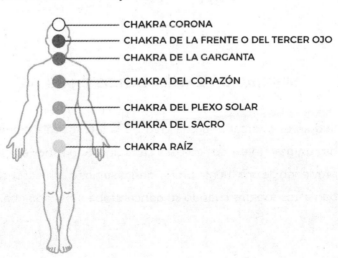

CHAKRA CORONA

CHAKRA DE LA FRENTE O DEL TERCER OJO

CHAKRA DE LA GARGANTA

CHAKRA DEL CORAZÓN

CHAKRA DEL PLEXO SOLAR

CHAKRA DEL SACRO

CHAKRA RAÍZ

El Yoga traza un mapa del flujo de la inteligencia creativa a medida que se mueve a través de ti, expresando una cualidad diferente en cada chakra, de arriba abajo.

- Chakra corona: felicidad
- Chakra de la frente o del tercer ojo: inteligencia
- Chakra de la garganta: expresión
- Chakra del corazón: amor
- Chakra del plexo solar: acción exitosa, determinación
- Chakra del sacro: placer sexual, sensualidad
- Chakra raíz: seguridad, protección

Puedes utilizar los siete chakras de dos maneras. La primera consiste en reforzar cada cualidad asociada a un chakra. Por ejemplo, meditar en el chakra corona refuerza la dicha, mientras que meditar en el chakra del corazón fortalece todas las emociones, pero en especial el amor. Si quieres tener una sensación de seguridad interior, meditar en el chakra raíz, que asienta la conciencia en el mundo físico, sería apropiado.

MEDITACIÓN BÁSICA DE LOS CHAKRAS

Si quieres reforzar una cualidad de la inteligencia creativa, hay un mantra específico para cada uno. Son sencillos, pero provienen de una fuente profunda: los sabios o rishis escuchaban estos sonidos cuando se concentraban en cada chakra.

Chakra corona: So hum (se pronuncia *so hum*), o conciencia simple

Chakra de la frente/tercer ojo: Om (se pronuncia *ohm*)

Chakra de la garganta: Ham (se pronuncia *hum*)

Chakra del corazón: Yam (se pronuncia *yum*)

Chakra del plexo solar: Ram (se pronuncia *rahm*)

Chakra del sacro: Vam (se pronuncia *vum*)

Chakra raíz: Lam (se pronuncia *lum*)

Estos llamados mantras semilla son la vibración básica de cada chakra en forma de sonido: a veces hay significados generales (*So hum*, por ejemplo, significa "yo soy" en sánscrito), pero no son la intención del mantra. La explicación habitual es que la repetición del mantra equilibra la energía que expresa cada chakra. No tienes que adoptar ninguna creencia sobre estos temas, porque el valor de la meditación con mantras ya está bien establecido a través de miles de estudios de investigación.

CÓMO MEDITAR

Elige cualquier mantra con el que quieras meditar y sigue este método básico.

- Busca un momento tranquilo del día, el mejor momento suele ser por la mañana o por la tarde.
- Siéntate tranquilo con la espalda erguida y las manos en el regazo (no es necesario que te sientes en la

postura tradicional del loto, pero no te inclines hacia atrás ni te recuestes. Siéntate erguido de cualquier forma que te resulte cómoda).

- Cierra los ojos y respira profundo unas cuantas veces hasta que te sientas calmado y tranquilo por dentro.
- Coloca tu atención en el sitio del mantra que hayas elegido.

Chakra corona: parte superior de la cabeza

Chakra de la frente/del tercer ojo: punto medio de la frente, ligeramente por encima de los ojos

Chakra de la garganta: en medio de la garganta o la laringe

Chakra del corazón: centro del pecho

Chakra del plexo solar: entre el ombligo y la parte inferior de la caja torácica

Chakra del sacro: cinco centímetros por encima del hueso pélvico

Chakra raíz: base de la columna vertebral

- Di el mantra en silencio y repítelo con regularidad, pero no con un ritmo fijo. Repite el mantra de forma relajada, y vuelve a él si notas que te has distraído con otros pensamientos o sensaciones. (Nota: para el chakra corona puedes hacer esto sin un mantra y sentarte en la conciencia simple).

- Medita con el mantra durante 10 o 20 minutos. A continuación, siéntate en silencio con los ojos cerrados durante unos minutos. Lo mejor es recostarte y descansar durante estos minutos, pero si no tienes tiempo, solo siéntate en silencio para salir del estado meditativo antes de volver a tu actividad diaria.

Esta técnica básica de meditación es una de las más eficaces para alcanzar niveles de conciencia más profundos. No te obligues a centrarte en el chakra; no intentes concentrarte. Lo que quieres es lo contrario, una meditación relajada que aproveche la tendencia natural de la mente a buscar su fuente.

MEDITACIÓN INTENCIONAL

También puedes meditar sobre la cualidad de la inteligencia creativa expresada por el chakra. Se trata de una meditación sobre un deseo o una intención, más que sobre una vibración. Mi término para este tipo de pensamiento es "pensamiento centrado", porque lleva tu atención al centro tranquilo donde las intenciones son más efectivas.

Chakra corona: "Yo soy" o "Yo soy el Ser puro".

Chakra de la frente/tercer ojo: "Yo sé" o "Yo soy el conocimiento".

Chakra de la garganta: "Yo soy la libre expresión" o "Yo digo mi verdad".

Chakra del corazón: "Soy el amor" o "Yo irradio amor".

Chakra del plexo solar: "Yo estoy en mi poder" o "Yo soy el empoderamiento".

Chakra sacro: "Soy sensual" o "Abrazo el deseo".

Chakra raíz: "Siempre estoy a salvo y seguro" o "Estoy totalmente arraigado".

A diferencia de meditar en un mantra, meditar en una intención significa que te identificas con el pensamiento y lo crees por completo. Naturalmente, esto no va a suceder solo a través de la repetición. El método es más intuitivo, como se ve a continuación:

- Siéntate tranquilo con los ojos cerrados y céntrate, como se describe en la meditación con mantras.
- Elige un pensamiento centrado y repítelo en silencio para ti mismo, solo una vez.
- Permite que el significado se asiente en tu conciencia y observa lo que ocurre a continuación. Quizá escuches palabras, recuerdes algo o sientas alguna cosa. No necesitas hacer nada con la respuesta, excepto notarla y dejar que surja y desaparezca.
- Repite de nuevo el pensamiento centrado, solo una vez. Espera la siguiente respuesta, sea cual sea. Continúa durante 10 o 20 minutos.
- Siéntate en silencio durante unos minutos o recuéstate, como se describe en la meditación con mantras.

Te darás cuenta de que puede ocurrir todo tipo de cosas mientras meditas en el pensamiento elegido. Piensa en estas respuestas como en las capas de una cebolla. Cada capa te separa del corazón de la cebolla y deben desprenderse para revelar el corazón.

La conciencia simple derrite estos velos o capas de separación. Supongamos que estás meditando sobre "Yo soy amor". Te dices esto a ti mismo, y cada vez obtienes una nueva respuesta, por ejemplo:

- Tienes el pensamiento "Yo no soy amor", una forma de resistencia.
- Tu atención se dirige a tu corazón. Esto se siente bien, neutro o no tan bien.
- Recuerdas tu primer amor o tu primera ruptura.

Estas respuestas te separan de creer verdaderamente en "Yo soy el amor". No te detengas en ellas. Se desvanecerán en el silencio y, a medida que lo hagan, te sentirás atraído cada vez más profundamente al silencio. En algún momento pensarás "Yo soy el amor", y lo creerás por completo. Se sentirá como el verdadero tú, o tu verdadero yo.

No esperes alcanzar la meta la primera vez o cada vez que medites. Tu mente inconsciente es dinámica y cambiante. Tiene todo tipo de reacciones, pero eso no te concierne. Estás utilizando el pensamiento centrado para instalarte más profundo en la conciencia simple y, al hacerlo, sentirás la presencia de tu verdadero ser. Te está atrayendo hacia él mediante una especie de fuerza magnética sutil, conocida en sánscrito como *Swarupa*, el encanto de ser tu verdadero yo.

Tu verdadero yo ha ejercido esta atracción sutil durante toda tu vida, y experimentas destellos de las cualidades nombradas en los pensamientos centrados. Todos hemos tenido momentos de intensa paz o amor, un sentimiento de pertenencia y de estar totalmente seguros. Utilizando el sistema de chakras, puedes fortalecer tu conexión con tu verdadero yo. Cada cualidad de la inteligencia creativa se expandirá y formará parte de ti.

La meditación es el primer uso importante de los chakras. El segundo es la evolución, o el crecimiento interior. Buscas utilizar la inteligencia creativa en la actividad, a medida que se desarrolla tu día. Este camino aprovecha un aspecto clave de la conciencia: que es evolutiva por naturaleza. Quiere expandirse, progresar, profundizar y encontrar nuevas formas de expresarse. En otros seres vivos, la evolución es sobre todo física, y las adaptaciones se centran estrictamente en la supervivencia, en encontrar suficiente comida y en aparearse.

Solo en el *Homo sapiens* la evolución es abierta. Elegimos nuestro propio camino evolutivo, cada persona a la vez. Los beneficios podrían extenderse colectivamente, del mismo modo que la electricidad y el motor de combustión dominan ahora la vida en todas partes. Pero estos productos físicos comenzaron en la conciencia. El Yoga diría que un nuevo invento requiere ciertas cualidades de la inteligencia creativa, en especial una idea brillante o una visión repentina (sexto chakra, el centro de la inteligencia), un sentimiento de entusiasmo por hacer el descubrimiento (cuarto chakra, centro de las emociones) y la acción necesaria para llevar el invento a buen puerto (tercer chakra, centro de la acción poderosa).

Cada cualidad de la inteligencia creativa contiene la posibilidad de fortalecerse, de renovarse de formas inesperadas y de llevarte a las áreas de ti mismo en las que deseas crecer. El flujo de la inteligencia creativa hace que todo esto sea posible sin lucha. Sigues el proceso natural de la conciencia que se despliega en sí misma.

En las siguientes páginas presentaré las posibilidades de evolución de cada chakra en detalle. Las posibilidades infinitas ya no tienen por qué sentirse abrumadoras, y no tienes que seguir reduciendo tus perspectivas a un puñado de experiencias manejables. Una visión de la abundancia debe descansar en posibilidades ilimitadas, y el sistema de chakras puede organizar cada nivel de la vida en el que la realización duradera es alcanzable, así que vamos a empezar.

CHAKRA 7
La fuente de la felicidad

SÉPTIMO CHAKRA

Ubicación: Parte superior de la cabeza

Tema: Dicha

Cualidades deseables:

Felicidad, alegría, éxtasis

Unidad

Totalidad

El chakra corona es el centro de la felicidad, que en sánscrito es *Ananda*. Cuando se aviva el chakra corona, se conecta con la fuente misma de la dicha. La tradición del Yoga enseña que la conciencia es dichosa en sí misma. No necesitas un estímulo externo —una hermosa puesta de sol, jugar con un bebé, comer una trufa de chocolate— para desencadenar la dicha. Esos placeres van y vienen, pero tu conexión con la fuente de la dicha es constante y siempre presente. El único requisito es que tú existas.

Como ya existimos, ¿qué sentido tiene el chakra corona? En la tradición del Yoga, es por donde sale el alma al morir o en el momento de la liberación cuando un yogui se ilumina. Ese acontecimiento no es una muerte, sino una especie de salida que trasciende el cuerpo para entrar y fundirse con la conciencia pura. Cuando te iluminas, te unes con el Ser o, en lenguaje común, el "yo soy" abandona el "yo", dejando solo el "soy".

Los atisbos de alegría y los momentos de felicidad no son adecuados para comprender realmente Ananda. Cada proceso que mantiene la creación en marcha, incluyendo las células de tu cuerpo, el medio ambiente, los miles de millones de especies de microorganismos, e incluso la vibración de los átomos y las moléculas, son manifestaciones de Ananda. Sin embargo, a pesar de su escala cósmica, tenemos que empezar aquí, en la fuente. En la vida cotidiana, Ananda se relaciona con:

La inspiración
Los impulsos espirituales, la búsqueda
Sentirse vibrante y vivo
El despertar
La trascendencia
La ligereza del ser

En conjunto, estos son los fundamentos de la espiritualidad. El Yoga interpreta la espiritualidad en términos de conciencia de la dicha, más que en términos de Dios y creencias religiosas. Si avivas el chakra corona y experimentas el flujo de la dicha en tu conciencia, nada es más evolutivo que eso.

Ananda es un concepto extraño y exótico en Occidente. En la India moderna, la palabra no tiene mucho significado, aunque mucha gente conoce la formulación *Sat Chit Ananda*, traducida como "conciencia de la dicha eterna". Esta es la "materia" básica de la creación, que no comienza con "En el primer día, Dios creó", sino con la conciencia pura que irrumpe con la creatividad infinita de Ananda. En realidad, a la persona promedio no le ayuda poner a Ananda en el corazón de la creación como una especie de fuerza vibratoria cósmica (no tan distinta de los campos cuánticos vibratorios que generaron el universo, según la física moderna). Pero Ananda tuvo un avance afortunado, y abre el camino hacia el chakra corona en nuestro viaje a través de los siete chakras.

"SIGUE TU DICHA"

Sin pronunciar la palabra *Ananda*, el famoso estudioso de la mitología Joseph Campbell la trajo a Occidente de una forma aceptable. Él creó una frase que casi todo el mundo ya conoce: "Sigue tu dicha". Con estas palabras, Campbell encontró una nueva forma de inspirar a las personas al nivel de la conciencia, sin que ni siquiera supieran que tenía la conciencia en mente. ("Follow your bliss" se difundió por primera vez a través de una entrevista en la televisión pública de 1988 con Bill Moyers. Puedes verla en YouTube buscando *Joseph Campbell bliss*).

Su visión era radicalmente distinta de la idea de que el trabajo arduo, la perseverancia y dedicarte intensamente a tus actividades eran las claves del éxito. Como explicaba Campbell: "Sigue tu dicha, no tengas miedo, y se abrirán puertas donde no sabías que existían".

La defensa de Campbell de una vida dichosa tenía profundas raíces espirituales. Creía que estas raíces estaban dentro de cada uno, y en ellas residía un secreto. Esto queda claro al leer un poco más de su explicación. "Si sigues tu dicha, te pones en una especie de camino que ha estado ahí todo el tiempo, esperándote". En otras palabras, la dicha te permite adentrarte en lo desconocido sin peligro ni riesgo. Los aliados invisibles se levantarán para ayudarte. En palabras de Campbell, se produce una gran transformación cuando "la vida que deberías estar viviendo es la que *estás* viviendo".

Haz una pausa y pregúntate: "¿Cuál es la vida que debería estar viviendo?". Casi todo el mundo se encontrará con una respuesta que recibió de segunda mano. Destaca la palabra *debería*. Todos venimos de un entorno formativo. Al estar influenciados por una educación estricta, algunos creen que *debería* significar cumplir con el deber, seguir las reglas y defender los valores morales. Alguien que vive en una época de fe estaría seguro de que el *deber* significa obedecer las leyes de Dios. Una niña despreocupada juega y se ríe sin inquietudes, por lo que, para ella, el *deber* significa hacer lo que le dan ganas o lo que puede hasta que interviene el padre que la regaña. Así que, a nuestra manera, cada uno de nosotros tiene una noción preconcebida de la vida que debería llevar, y los modelos que seguimos son transmitidos por la familia y la sociedad, los héroes y las normas de conducta.

Además, tal vez ni siquiera sea deseable seguir tu felicidad. ¿Deberías dejar tu trabajo de contador, director de empresa o vendedor y lanzarte de inmediato a cantar ópera, pintar o cultivar rosas porque es lo que realmente te gusta? La vida normal se vería alterada si todo el mundo hiciera solo las cosas que le gustan. Pero así es como la mayoría de la gente interpretó la explicación de Campbell.

Al final, "Sigue tu dicha" necesita ser aclarado para librarlo de confusiones y contradicciones. "Sé en tu dharma" no suena tan bien, pero abarca más de lo que Campbell quería decir. Ya hemos llegado a eso en este libro, pero hay más que decir sobre cómo la conciencia de la dicha posibilita todos los demás valores del amor, la creatividad, la inteligencia y el resto de valores que fluyen por los chakras. Los momentos de alegría te dicen que puedes sentirte dichoso. No pueden decirte que tienes la conciencia de la dicha como fuente.

"SOY SUFICIENTE"

El enfoque del Yoga sobre la vida se basa en la conciencia, y la conciencia solo tiene dos estados. Puede estar en movimiento o no estarlo. Si Einstein está pensando en la relatividad, Mozart está componiendo una sinfonía o Shakespeare está escribiendo un soneto, la conciencia está en movimiento. Este estado es conocido por todos. Pero piensa en Einstein, Mozart y Shakespeare durmiendo una siesta. Ahora la conciencia no se mueve. Pero esta aparente inmovilidad, en la que no ocurre nada en la mente, no altera lo que estas personas son. Un genio dormido sigue siendo un genio. Todo el potencial permanece, pero no se ha activado.

Este sencillo ejemplo es sumamente importante. Si te miras y si revisas cómo va tu vida, verás que las cosas más valiosas para ti se han repartido —solo tienes una parte de amor, inteligencia, creatividad, éxito, etcétera, y no más—. Todo lo que has logrado ha sucedido cuando la conciencia se ha movido. Pero el aspecto de la conciencia que no se mueve es tu fuente y esta es infinita. La conciencia de felicidad no es una experiencia en su estado de no movimiento. Es como una reserva de la que se extrae el amor, la inteligencia, la creatividad, etcétera.

No es necesario ser un genio para tener acceso a esta reserva ilimitada, pero sí es necesario saber que existe. Cambiando de metáfora, si necesitas un coche nuevo pero tienes poco dinero en el banco, tus opciones serán limitadas. Pero si tienes millones en el banco, tus opciones son mucho más amplias. Por diversas razones, es posible que acabes comprando el mismo modelo económico que la persona con mucho menos dinero, pero la diferencia está en saber que tu reserva está ahí. Si tienes abundancia de dinero en el banco, en el fondo de tu mente sabes que siempre tendrás suficiente dinero, lo que es muy diferente de alguien que sabe que le falta dinero.

Ahora traduzcamos esto a tu situación actual. Deja de lado todo lo que puedas estar pensando, sintiendo, diciendo o haciendo. En el nivel en el que tu conciencia no se mueve, o sientes "soy suficiente" o sientes "no soy suficiente". La diferencia es tu conexión con tu fuente. Esto es lo que hace que el chakra corona sea tan importante, porque es el lugar donde se realiza la conexión. Antes de que la conciencia de la dicha entre en la mente activa, te establece como completo. La totalidad se expresa en el conocimiento silencioso de "soy suficiente".

Un famoso gurú del sur de la India, Nisargadatta Maharaj, explicó esto mediante una metáfora. Un discípulo le preguntó a Nisargadatta cómo sabía que estaba iluminado, y esta fue su respuesta: "Soy como la harina. De la harina se pueden hacer todo tipo de cosas: pan, fideos, todo tipo de productos horneados. Pero yo no soy ninguna de esas cosas. Soy la harina misma, y sin importar lo que haga mi mente, sigo estando seguro de que soy conciencia pura". En el *Bhagavad-gita*, el Señor Krishna expresa lo mismo, hablando no como un ser iluminado o un dios, sino como el Ser: "No puede ser cortado con armas, quemado por el fuego, mojado por el agua o secado por el aire".

Son metáforas de la totalidad, que no se ve afectada por el cambio. El Yoga enseña que la plenitud no es algo por lo que uno se esfuerza. Puedes cambiar tu dieta para que contenga alimentos integrales; puedes cambiar tu médico por uno que practique métodos holísticos. Pero no puedes cambiarte a ti mismo para estar completo. Ya estás completo y aún no te has dado cuenta. En el *Gita*, el Señor Krishna define la sabiduría en un solo axioma: "Yo soy el campo y el conocedor del campo".

Campo puede significar muchas cosas, desde el campo de batalla (Krishna está aconsejando al guerrero Arjuna en la víspera de la batalla) o el campo cuántico, cuyas vibraciones y ondulaciones dan lugar al universo físico. Puedes aprender sobre cualquier campo y convertirte en "el conocedor del campo". Pero el conocimiento supremo llega cuando puedes decir: "Mi campo es la conciencia". Solo entonces eres el conocedor de la realidad misma.

Todas estas comprensiones se condensan en "Yo soy suficiente", que es la máxima expresión de la abundancia. Colocas la conciencia en su estado puro e inmóvil antes de que la conciencia esté en movimiento.

"NO SOY SUFICIENTE"

Si haces lo contrario y confías en la mente activa y en todo lo que produce —pensar, sentir, hablar y hacer— nunca sabrás lo que es estar completo. Tu vida se convertirá en una historia, llena de acontecimientos buenos y malos, de recuerdos buenos y malos, de impulsos buenos y malos. Todo el mundo construye una historia. Es algo natural para la personalidad del ego, cuya agenda es centrarse en "yo, mí y lo mío". Si eres afortunado y has tomado buenas decisiones, es probable que estés contento con tu historia hasta ahora. Antes de empezar, es útil tener una ventaja, como ser blanco, hombre, haber nacido con dinero y vivir en una sociedad próspera.

Pero por muy buena que sea tu historia, se basará en una agenda ideada por tu ego. Esta agenda se basa en varios motivos conocidos:

LA AGENDA DEL EGO

- Conseguir más de lo que quieres.
- Quedar bien ante los ojos de los demás.
- Ocultar tu lado culpable.
- Cubrir las viejas heridas y daños.
- No repetir las malas experiencias del pasado.
- Defenderte de posibles amenazas.
- Formar un círculo cercano de familiares y amigos mientras excluyes a otros.
- No mirar nunca sus miedos más profundos, incluido el temor a la muerte.

En conjunto, la agenda del ego se basa en "no soy suficiente". No hay conexión con el depósito infinito de la conciencia. En su lugar, existe una corriente constante de elecciones de "esto o aquello":

- Me gusta o me desmotiva.
- Lo quiero o no lo quiero.
- Se ajusta a mi estilo de vida o no.
- Mejora mi imagen personal o me hace quedar mal.

Parece que esta forma de enfocar la vida es natural y es la forma correcta de vivir: crear la mejor historia posible tomando las mejores decisiones. Madison Avenue prospera al presentar al consumidor opciones que nos inducen a pensar que lo más nuevo, lo mejor y lo máximo —en champús, aspiradoras, pizzas congeladas o coches de lujo— aumentará la imagen que tenemos de nosotros mismos.

Sin embargo, operar desde la agenda del ego deriva en una fuerte resaca, por lo que conduce a la frustración y la insatisfacción de millones de personas, por mucho que se esfuercen. La molesta sensación de "no soy suficiente" es la resaca. Pero casi nadie está dispuesto a salir de la agenda de su ego. Las razones se pueden rastrear en racionalizaciones muy comunes:

- No quiero ser diferente.
- Las cosas tienen que mejorar: siempre lo hacen.
- Solo necesito ser más disciplinado.
- Solo tengo que trabajar más.
- Me niego a admitir el fracaso.

Estos susurros de tu ego te mantienen a raya. De un modo u otro, mantienen a todo el mundo a raya, incluso a la microscópica porción de la población que son las estrellas de Hollywood, del rock y de Wall Street, y a quienes aparecen en la portada de la revista *People*.

ACTIVAR EL CHAKRA CORONA

Una vez que se les habla de la resaca de la agenda del ego, la mayoría de las personas razonables querrían una solución. La solución, según el Yoga, es activar el chakra corona, porque te conecta con el depósito de la conciencia de la dicha. Ya se han tratado algunas cosas en términos generales:

- Estar en la conciencia simple. Cuando notes que no lo estás, tómate unos minutos para centrarte.
- Medita en el mantra *So hum* (página 115).
- Medita en el pensamiento de centrado "Yo soy" o "Yo soy el Ser puro" (página 117).

Otros pasos están dirigidos más en específico para activar el chakra corona. Dado que este chakra es el centro de la conciencia de la dicha, también lo son los pasos que puedes dar para activarlo. Reflexiona sobre las siguientes sugerencias y adopta primero las que te resulten más cómodas.

La conciencia de la dicha es *generosa*, así que aprovecha cualquier oportunidad para mostrar generosidad en tu propia vida. La generosidad de espíritu es más importante que ser generoso con el dinero. Cuando eres generoso de espíritu muestras respeto por todos. Apoyas los mejores impulsos de los demás, sin criticar los peores. Eres amable y comprensivo. Abres tu corazón siempre que puedes, ayudando a la otra persona a sentirse aceptada.

La conciencia de la dicha es *dar*, así que aprovecha cualquier oportunidad para dar de ti mismo. La agenda del ego gira en torno a tomar, lo que solo refuerza la actitud de "no soy suficiente". Da desde una sensación de abundancia desbordante. Como dice una metáfora yóguica, eres como un árbol cargado de frutos cuyas ramas se inclinan hacia la tierra para que todos puedan recogerlos. Lo más valioso que puedes dar es tu atención plena, pero también hay que dar aprecio y aceptación, y eso tiene sus propias recompensas.

La conciencia de la dicha es inspiradora, así que encuentra una fuente de inspiración y acude a ella todos los días. Puede ser poesía o música inspiradora, las escrituras de una tradición espiritual o escuchar tu inspiración interior para hacer algo hermoso. Es muy valioso encontrar a alguien que necesite ser inspirado y elevarlo de cualquier manera que puedas.

EJERCICIO DE RESPIRACIÓN

El Yoga prescribe muchos tipos de respiración controlada, y estos suelen formar parte de una clase de hatha yoga. He aquí un sencillo ejercicio que utiliza tanto la respiración como los elementos visuales. Su propósito es ver y sentir el camino que la conciencia de la dicha traza mientras viaja a través de ti.

- Siéntate erguido en un lugar tranquilo y con los ojos cerrados.
- Respira de forma natural. Al inhalar, ve la luz blanca moviéndose desde tu corazón hacia fuera, a través de la parte superior de tu cabeza. Al exhalar, observa que la luz blanca desciende por tu cuerpo y sale por la planta de tus pies.
- No fuerces la respiración a un ritmo fijo, y si pierdes la noción de las imágenes mientras respiras, no pasa nada.
- Continúa durante cinco minutos y luego siéntate tranquilo en la conciencia simple.

CHAKRA 6
La inteligencia más elevada

SEXTO CHAKRA

Ubicación: Frente / tercer ojo

Tema: Inteligencia

Cualidades deseables:

Conocimiento

Comprensión

Intuición

Imaginación

El tema del sexto chakra es la inteligencia, un logro sin parangón en el *Homo sapiens*. Aquí es donde, simbólicamente, la dicha-conciencia se transforma en la mente con su flujo constante de pensamientos, percepciones, razón e intelecto. En el mundo moderno, esas funciones han creado un suministro interminable de tecnología y avances científicos. Pero los mismos poderes de la razón se han desviado hacia una creatividad que es diabólica por su poder destructivo.

Al crear armas nucleares, armas bioquímicas y métodos cada vez más sofisticados para provocar la muerte masiva, la razón es responsable de horrores de los que parece que nunca podremos escapar. Cada nueva arma parece razonable para quienes la idean y la utilizan. Con estas realidades, se ha traicionado uno de los principios más básicos del Yoga: la evolución —es decir, el progreso de la conciencia— es el camino que todos deberíamos seguir. Si el éxito se mide por la dicha, ¿cómo pueden los aspectos destructivos de la razón ser otra cosa que un retroceso? La adopción de medidas perfectamente razonables hizo algo más que crear el horror de la guerra moderna. El uso de los combustibles fósiles y el motor de combustión interna fueron triunfos del progreso, hasta que se reveló el daño trágico que causaron al medio ambiente.

Para que el sexto chakra se active, la "inteligencia" debe incluir las formas más sutiles en que funciona la mente, a través de la intuición, la comprensión y la imaginación. El Yoga les da más importancia que a la racionalidad, porque tu mente tiene que decirte cuándo una idea perfectamente razonable tiene matices destructivos. Podemos llevar esto al nivel personal con mucha facilidad. Cualquiera que haya tomado decisiones equivocadas en una relación de pareja suele lamentarse: "Si hubiera visto cómo era realmente" o "Cuando me dijo que quería romper, me quedé desconcertado". Tener una comprensión intuitiva de la relación desde el principio habría ayudado, y cuando estás conectado con el dharma no hay necesidad de pensar en ninguna cuestión personal, incluidas las relaciones. La inteligencia creativa tiene una cualidad que te guía desde dentro, *el conocimiento*, que se centra en el sexto chakra.

Si activas este chakra, habrás abierto el "tercer ojo", que se refiere a estos poderes más sutiles (sin embargo, no existe un tercer ojo físico). Hay una creencia comúnmente compartida de que la intuición es real, pero en el Yoga la creencia no es la cuestión. Lo que importa es si puedes confiar en tus destellos de intuición, corazonadas y sentimientos viscerales: todos los impulsos mentales sutiles de los que las personas totalmente racionales (como se ven a sí mismas) son escépticas.

Algunas personas confían en su intuición lo suficiente como para mantener las antenas abiertas, en busca de indicaciones a las que la mayoría de la gente es insensible. (Hay incluso un nombre descriptivo, "sensible", para las personas altamente intuitivas). En general, sin embargo, confiar en los poderes más sutiles de la mente ha disminuido de forma drástica. La gente moderna está muy alejada de las antiguas culturas que creían en oráculos, consideraban los sueños como profecías o sentían una presencia divina que emanaba de los santos y las reliquias sagradas. Las grandes civilizaciones surgieron gracias a la potencia de esta visión del mundo, que conectaba a los humanos con lo intemporal.

Es evidente que el camino de vuelta no consiste en abandonar nuestra propia cosmovisión moderna, sino en ampliar la realidad. Si consideras que la razón es la guía más importante de la vida, como quizá lo haría un científico, tus poderes de la razón son reales y crecerán. Si crees que la intuición es tan importante como la razón, será real para ti y crecerá. Lo ideal es tener ambos aspectos en tu vida. Según la neurociencia, es cierto que en cada uno de nosotros domina el lado derecho o el izquierdo del cerebro. Esto se popularizó como "personas de cerebro izquierdo" (que son racionales, resuelven problemas y son lógicas) y "personas de cerebro derecho" (que son creativas, intuitivas y artísticas). Pero ambos hemisferios del cerebro se complementan y coordinan entre sí.

El Yoga es un enfoque integral del cerebro o, más exactamente, de la mente. La intuición no se alcanza cerrando o ignorando la razón, sino encontrando un nivel más sutil de la mente. Al fin y al cabo, un matemático puede ser muy creativo: este es uno de los mayores elogios que se pueden hacer en matemáticas avanzadas, cuando alguien da con una solución que nadie ha visto antes. También puede poseer una mente musical, como la de Johann Sebastian Bach, que no tenía igual para organizar las notas en las complejas configuraciones conocidas como contrapunto.

UN ESTUDIO DE TODA LA MENTE

La inteligencia creativa alimenta toda la mente, pero con el paso del tiempo todos desarrollamos nuestras propias peculiaridades, que se convierten en una mentalidad. Nos vemos a nosotros mismos como lógicos y razonables, en cuyo caso los artistas y los "tipos creativos" son muy diferentes a nosotros y por eso tendemos a desconfiar de ellos. Una mentalidad en la otra dirección, hacia lo completamente intuitivo, puede elevarte tanto a las nubes que no te sirvan los "tipos de cerebro izquierdo".

Pero una mentalidad rara vez es tan delimitada. Para ver hasta qué punto te inclinas por uno o por otro hemisferio del cerebro, marca cada una de las siguientes afirmaciones si crees que se aplica a ti.

MENTE LÓGICA / RACIONAL

_____ Abordo las tareas de forma metódica.

_____ Mantengo mi espacio de trabajo limpio y ordenado.

_____ Leo artículos sobre ciencia, tecnología, medicina o finanzas.

_____ Se me da bien arreglar cosas en casa.

_____ Me sentiría cómodo dando clases particulares de matemáticas a un estudiante.

_____ Estudié física, química o matemáticas en la universidad.

_____ Me gustan los rompecabezas y los juegos mentales.

_____ Creo que la ciencia es el mejor enfoque para resolver problemas difíciles.

_____ Creo que será necesaria la tecnología para resolver la crisis climática.

_____ Creo que los científicos algún día crearán una computadora inteligente equiparable a la inteligencia humana.

_____ Creo que la clave de la conciencia está en el cerebro.

_____ En mi relación personal, yo soy el más racional.

Puntuación: (0-12) _____

MENTE INTUITIVA / CREATIVA

_____ Me considero creativo.

_____ Tengo un buen instinto para saber cómo son realmente las personas.

_____ Tiendo a inventar mis propias recetas en lugar de seguir las recetas de un libro de cocina.

_____ Puedo pintar, bailar o tocar un instrumento musical.

_____ Puedo sentir el ambiente de una habitación al entrar en ella.

_____ Me doy cuenta con rapidez del estado de ánimo de los demás.

_____ Estoy absolutamente en contra de la violencia.

_____ Hago compras impulsivas y no me arrepiento.

_____ Soy un padre o madre cariñoso.

_____ Leo artículos sobre arte.

_____ Me inspiran la poesía o la escritura.

_____ Tengo un lado infantil.

Puntuación: (0-12)

EVALÚA TU PUNTUACIÓN

Si tu puntuación se inclina fuertemente hacia Lógica/Racional o Intuitiva/Creativa, tienes una mentalidad fuerte. Una vez que se establece una mentalidad, las personas suelen mantenerla, y tu comportamiento tiene una fuerte tendencia en esa dirección. La puntuación máxima para cada sección es de 12, y si estás cerca del máximo te identificas con tu mentalidad. Para efectos prácticos, esta es tu visión del mundo. Si tu puntuación en la otra sección es de cuatro o menos, es posible que suelas ignorar o ser intolerante con alguien que tenga una mentalidad opuesta a la tuya.

Si tu puntuación está bastante equilibrada en ambas secciones, no estás muy apegado a tu forma de pensar. Tienes espacio para la lógica, el orden y el método, pero también para las corazonadas, la creatividad y la inspiración.

Si obtuviste una puntuación de nueve o más en ambas secciones, eres una persona poco común. En lugar de fijarte en una sola mentalidad, combinas lo mejor de la racionalidad y la intuición. En el Yoga, se te considera que eres muy afín al flujo de la inteligencia creativa, que alimenta ambos lados de la mente.

Si obtuviste una puntuación de cinco o menos en ambas secciones, o bien te resististe a responder estas preguntas, o tenías mucha prisa como para reflexionar sobre ellas.

ESCAPAR DE TU MENTALIDAD

Estar apegado a tu mentalidad puede ser una gran ventaja. Si tu mentalidad es Racional / Lógica te proporciona un enfoque agudo en la ciencia y la tecnología, te vuelve metódico y organizado, y puede conducir a una carrera satisfactoria como contador, técnico, gerente y muchos otros trabajos que la gente llamaría "del cerebro izquierdo".

Si eres fuertemente Intuitivo/Creativo, prosperarás en las artes o en cualquier tarea creativa, como la cocina y la decoración. Te sentirás satisfecho con un estilo de vida que te dé libertad para expresarte, seguir tu intuición y vincularte emocionalmente con los demás.

Sin embargo, el Yoga consiste en escapar de tu mentalidad. Una mentalidad fuerte está descompensada, pero esa no es la cuestión. La cuestión es estar abierto al flujo de la inteligencia creativa, que se caracteriza por una mente abierta, flexible, no atorada en creencias fijas y capaz de renovarse constantemente a través de la belleza, el amor, la curiosidad, el descubrimiento y la comprensión. En otras palabras, tu estado de conciencia es mucho más importante que cualquier mentalidad, por muy exitosa que esta sea.

El Yoga enseña que la conciencia no renuncia a nada. La razón no se ve disminuida por la intuición; la intuición no se ve socavada por la razón. Tu objetivo debe ser una mente completa, que es la mejor y más verdadera definición de inteligencia.

Para escapar de tu mentalidad, ciertos pasos ya serán familiares para ti a partir de la lectura de este libro. Permanece en la conciencia simple. Tómate tiempo para centrarte siempre que estés estresado o distraído. Propicia los comportamientos que favorecen el éxito (véase "Cómo ganar dinero de la forma correcta", página 69), por encima de aquellos que no lo hacen (véase "Cómo nos equivocamos con el dinero", página 66). Pero estos pasos por sí solos no te permitirán ver el valor de escapar de tu mentalidad, que debe ser lo primero.

Lo que le da a tu mente su poder definitivo es que asigna un significado a la experiencia en bruto. Por ejemplo, piensa en el color rojo. ¿Significa algo? En sí mismo, no, porque el rojo es solo una longitud de onda de luz que crea una vibración particular en las células de la retina en la parte posterior del ojo. Pero una vez que la mente empieza a hacer su magia, el rojo se convierte en un símbolo de todo tipo de cosas: pasión, ira, sangre, peligro, un mensaje para detener el coche en un semáforo o una señal de alto. "Veo todo rojo" significa que estás enfadado, pero una tarjeta de San Valentín con un corazón rojo es una señal de amor y, en el simbolismo del catolicismo romano, el corazón sangrante de Jesús indica tanto compasión como un gran sufrimiento. Del mismo modo, toda la materia prima de la vida —todo lo que ves, oyes, tocas, saboreas y hueles— tiene un significado porque tu mente le da sentido.

Al haber dado un significado a una experiencia en bruto, le asignas un valor en automático. Sabrás, por ejemplo, si comprarías un coche rojo o te pondrías un vestido rojo. Al asignar valor a tus experiencias a lo largo de la vida, has desarrollado tu mentalidad. Han sido necesarios muchos años y miles de experiencias distintas para crear tu propia mentalidad desde la primera infancia. Una mentalidad fija es muy difícil de cambiar, sobre todo si has tenido experiencias psicológicas y emocionales fuertes.

Esta lección me fue recordada a la fuerza hace poco. Me hablaron de Jeanne, la amiga de una amiga que vive en Francia. Jeanne es profesora en los suburbios de París y es muy inteligente y capaz. Parece liberal y de mente abierta, excepto por un punto ciego: los musulmanes. Jeanne se apresura a detectar cualquier noticia negativa sobre los musulmanes, en especial los que han emigrado a Francia.

Después de recibir algunos airados correos electrónicos de Jeanne por lo malos que son los musulmanes, le llamé la atención tan amablemente como pude. Ella me contestó exaltada diciendo que no tenía prejuicios. En cambio, tenía una experiencia personal que respaldaba su aversión a todos los musulmanes.

Sucedió hace 40 años, cuando Jeanne era una joven profesora en el equivalente francés de la escuela secundaria. Una chica musulmana llegó a clase con un pañuelo en la cabeza. Al ver las miradas que la niña recibía de los demás alumnos, Jeanne la llevó aparte y le dijo, en el tono más razonable, que sería mejor no llevar el pañuelo a la escuela. Sin responder, la chica le dio una fuerte bofetada a Jeanne y se marchó. Jeanne nunca olvidó este incidente, y hasta el día de hoy considera que todos los musulmanes son responsables de lo sucedido. Aunque algunas personas podrían haber considerado este incidente como algo grosero y desagradable —la acción de una persona que se tomó a mal la sugerencia bienintencionada de Jeanne—, Jeanne lo vio como algo mucho más profundo e insidioso. Se convirtió en una parte permanente de su mentalidad hacia los musulmanes en general.

Sin embargo, la mentalidad es el producto de experiencias que no son del todo traumáticas. La mayor parte de las veces no somos conscientes de lo mucho que se acumulan. Una mentalidad es como un arrecife de coral que se construye acumulando un pequeño pólipo de coral blando cada vez. No se puede cambiar una construcción tan grande de la noche a la mañana.

Por fortuna, no tienes que hacer eso. Lo que se necesita es mucho más sencillo: dejar de lado tu mentalidad por completo. Un escéptico murmuraría: "Es más fácil decirlo que hacerlo", y tendría razón si fuéramos prisioneros de nuestra mentalidad. Pero no tenemos por qué serlo. Aunque respondas mecánicamente a las mismas experiencias que se repiten una y otra vez, tu mente no es una máquina. Cuando utilizas una computadora o tu *smartphone*, hay una línea recta entre la entrada y la salida. Pregúntale a Siri por el clima de hoy, y la respuesta que obtendrás será acerca del clima. Sin embargo, si le pides a una persona que te diga el clima, cualquier respuesta es posible, incluyendo las siguientes: "No lo sé"; "Averígualo tú mismo"; "¿A quién le importa el clima?"; "Déjame en paz". Al hablar con otra persona, no hay garantía de que obtengas la respuesta que buscas.

Las computadoras están preparadas para la lógica. Tú estás conectado para ser receptivo a una gran variedad de experiencias, y las recibes en un canal cerrado o abierto. Responder con miedo, prejuicios o una mente cerrada no es parte de la configuración. Todas esas son partes creadas por el ego, en su postura de autodefensa. Al cerrar lo que es diferente o inesperado, el ego construye muros que son completamente ficticios: en un nivel más profundo de conciencia, sigues siendo muy consciente de todo lo que te está sucediendo.

CONOCIMIENTO

Irónicamente, así es como la conciencia adquirió una mala reputación. La frase: "Lo que no conozco no puede hacerme daño" es falsa. La frase: "La ignorancia es la felicidad", ofrece la definición equivocada de felicidad. Sin embargo, muchas personas tratan de saber lo menos posible sobre las amenazas percibidas y, en el camino, pierden la conciencia de la vida misma. Están destinadas a ser inconscientes la mayor parte del tiempo y a desconfiar de volverse más conscientes, porque asumen que saber demasiado es doloroso. Esto es, en esencia, un repudio a la inteligencia creativa.

Es tu elección personal aprender todo lo que puedas sobre una condición médica o una próxima cirugía, pero ese no es el tema. El sexto chakra trata del *conocimiento*, que es un estado de conciencia, no un conjunto de hechos e información. En el *Bhagavad-gita*, el Señor Krishna declara: "Yo soy el campo y el conocedor del campo". La palabra *campo* tiene tres significados. El primero es el campo de actividad, representado en este caso por un campo de batalla, ya que el *Gita* tiene lugar en la víspera de la batalla. Un conocedor del campo sería un guerrero como Arjuna, que está escuchando el discurso del Señor Krishna bajo la apariencia del conductor de su carroza.

El segundo campo es el cuerpo, y al habitar un cuerpo físico todos somos conocedores de lo que es experimentar dolor y placer. Pero el tercer campo es más importante, porque es el campo de la conciencia. La enseñanza del Señor Krishna, que es puro Yoga, es que la sabiduría solo llega al conocedor de este campo. Aquellos que solo conocen el campo de la actividad y la experiencia de estar en un cuerpo físico están perdidos o, para decirlo más suavemente, se engañan. Juzgan la vida desde el nivel de la actividad física y mental, mientras que la sabiduría proviene de la fuente.

Entonces, es desconcertante considerar un famoso comentario atribuido a Platón, hacia su mentor Sócrates: "Todo lo que sé es que no sé nada". ¿Por qué dijo esto un filósofo famoso por su sabiduría? Hace que Sócrates parezca estar en contra del conocimiento. De hecho, el tipo de conocimiento al que Sócrates se oponía era el conocimiento engañoso. Sus antagonistas filosóficos, los sofistas, enseñaban a la mejor clase de jóvenes de Atenas, y lo que transmitían, si lo traducimos a términos modernos, era que la sabiduría se puede transmitir de maestro a alumno. Lo que Sócrates enseñaba era el conocimiento interior intuitivo. "Todo lo que sé es que no sé nada" se refiere a un estado de conciencia en el que no hay nada que saber, porque el conocimiento es innato en todos.

Si te alineas con el flujo de la inteligencia creativa, surgirán pensamientos exitosos. Pero son productos secundarios. Lo primero y más importante es tu estado de conciencia. Cuanto más confíes en un estado mental, más desconectado estarás de tu conocimiento interior. A esto se refería el gran novelista inglés D. H. Lawrence cuando escribió: "Todo lo que sabemos no es nada, somos solo basureros repletos, a menos que estemos en contacto con aquello que se ríe de todo nuestro saber".

CONVIÉRTETE EN UN PENSADOR CONSCIENTE

En cualquier campo, los pensadores más exitosos tienen una cosa en común: piensan por sí mismos. No caen en las creencias de segunda mano. No están excesivamente influenciados por las opiniones de los demás. Los viejos condicionamientos no dominan su proceso de pensamiento.

¿En qué medida piensas por ti mismo? Esta es una pregunta crucial, y vale la pena que te des una respuesta clara, lo que puedes hacer al responder el siguiente cuestionario.

CUESTIONARIO
¿Piensas por ti mismo?

Responde a las siguientes 15 preguntas marcando "De acuerdo" o "En desacuerdo". En caso de duda, piensa en tu pasado y no en lo que piensas en este momento.

En general, quiero agradar.
De acuerdo ☐   **En desacuerdo** ☐

He votado por el mismo partido político toda mi vida.
De acuerdo ☐   **En desacuerdo** ☐

No me gusta que me elijan y se fijen en mí.

De acuerdo ☐   **En desacuerdo** ☐

Creo que si no puedes decir algo bueno de alguien, mejor no digas nada.

De acuerdo ☐   **En desacuerdo** ☐

No soy un líder y no quiero serlo.

De acuerdo ☐   **En desacuerdo** ☐

No soy tan especial.

De acuerdo ☐   **En desacuerdo** ☐

La gente no piensa que soy un bicho raro.

De acuerdo ☐   **En desacuerdo** ☐

En lugar de discutir, me guardaré mis opiniones para mí.

De acuerdo ☐   **En desacuerdo** ☐

No hay mucho en mi vida que me inspire.

De acuerdo ☐   **En desacuerdo** ☐

Es importante sacrificarse por el equipo.

De acuerdo ☐   **En desacuerdo** ☐

Nadie me considera realmente un mentor o un modelo a seguir.

De acuerdo ☐   **En desacuerdo** ☐

Los objetivos sensatos son mejores que los sueños descabellados que nunca se harán realidad.

De acuerdo ☐   **En desacuerdo** ☐

Nuestra familia ve casi siempre las cosas de la misma manera.

De acuerdo ☐   **En desacuerdo** ☐

Los retos mentales difíciles me intimidan.

De acuerdo ☐   **En desacuerdo** ☐

No soy un experto.

De acuerdo ☐   **En desacuerdo** ☐

Total: De acuerdo = _____   **En desacuerdo =** _____

EVALÚA TU PUNTUACIÓN

Pensar por uno mismo es lo contrario de ser conformista. Si marcaste "De acuerdo" 10 veces o más, eres inusualmente conformista. Si marcaste "En desacuerdo" 10 veces o más, eres inusualmente inconformista. No son juicios de valor. Apuntan a creencias y suposiciones inconscientes sobre cómo funciona la vida.

Todos tenemos una mezcla de conformista e inconformista dentro de nosotros, por lo que la mayoría de las puntuaciones estarán divididas de forma bastante equitativa entre "De acuerdo" y "En desacuerdo". A veces pensamos por nosotros mismos, pero a veces también nos dejamos llevar por la corriente. Sin embargo, a menos que valores el inconformismo, no puedes pensar realmente por ti mismo. Tu programación interna te lo impide, de forma sutil y no tan sutil. Una persona puede asociar el inconformismo con el activismo social, la protesta, el ser un loco o un bicho raro, mientras que otra puede asociarlo con el pensamiento radicalmente nuevo de un Newton o un Einstein.

Esto se convierte en una lucha para valorarte como original, mientras que el tirón de la conformidad provoca que temas ser demasiado original. Tal vez hayas oído hablar del síndrome de la amapola alta, la práctica de avergonzar a la gente por destacar entre la multitud. Un artículo en línea describe el síndrome de esta manera: "Se suele decir que los australianos tienden a recortar las amapolas altas, denigrándolas. Es posible que tenga su origen en una acepción obsoleta del siglo XVII de la palabra *amapola*, que significa 'persona o cosa conspicua o prominente', con implicación frecuente de probable humillación".

Lo que realmente importa es liberarte de enmarcar las cosas como la amapola alta que puede ser cortada, o como el egoísta que debe sobresalir de la multitud. En cualquier caso, las pulsiones inconscientes tienen el control. Es importante saber que eres original, sin importar si los demás lo aprueban o no.

La vida es más sencilla si confías en el pensamiento automático. Tienes respuestas, opiniones, creencias y juicios ya hechos. Pero la vida es dinámica. Cambia constantemente de formas que ya no se ajustan a las respuestas automáticas.

Programamos nuestra propia mente y también permitimos que fuerzas externas programen nuestra mente por nosotros. Ambos procesos están en marcha todo el tiempo. El agente más poderoso para la autoprogramación es el ego. La vida individual se construye en torno a "mi familia", "mi trabajo", "mis gustos y disgustos". Sin embargo, cuando miras al cielo, no dices "mi cielo" o "mi azul". El mar no es "mi océano", por muy cerca que vivas de él. La experiencia es universal.

De forma sutil, tu ego es mucho más limitante de lo que crees. "Yo" no es una palabra inocente. Detrás de ella se esconde una agenda egoísta. Al seguir la agenda del ego, puedes acabar pensando así:

- Yo soy más importante que los demás.
- Lo que tengo que decir es importante.
- Veo por mis propios intereses.
- Ganar es lo que importa. Ser un perdedor es intolerable.
- No estaré satisfecho hasta que haya llegado a la cima.
- La competencia es darwiniana: solo los más aptos sobreviven.

¿Estos son los pensamientos de una persona altamente competitiva y exitosa que debería servir de modelo, o bien se trata de los pensamientos de un psicópata que carece de culpa? La línea es casi demasiado fina para trazarla, y por eso los psicólogos suelen señalar que muchos líderes famosos están muy cerca de la psicopatología. (El biólogo y filósofo francés Jean Rostand declaró: "Mata a un hombre y serás un asesino. Mata a millones de hombres y serás un conquistador. Mátalos a todos y serás un dios").

Cada uno de nosotros tiene una caja invisible donde reúne todos los elementos del ego y, sin ser patológicos, vamos ahí a buscar pensamientos para reforzar el yo, el mí y lo mío. Haz una pausa para reflexionar sobre el pensamiento automático que es producto del ego.

TU EGO PIENSA POR TI SIEMPRE QUE...

- Tratas de impresionar a otras personas, incluso a desconocidos.
- Insistes en tener la razón.
- No abandonas una discusión hasta que la ganas o cuando la otra persona se rinde.
- Te sometes a la adulación.
- Ansías la aprobación de los demás.
- Siempre hablas en una reunión, incluso cuando no tienes mucho que decir o cuando todos están cansados.
- Ignoras a los necesitados.
- Buscas formas de actuar de forma dominante.
- Tienes un aire de superioridad.
- Consideras que tu opinión es la más importante de la sala.
- Consideras a los competidores como enemigos personales.
- Supones que haces más por tu relación que tu pareja.
- Exiges que tus hijos tengan una buena imagen de ti.
- Privas de atención, aprecio e incluso sexo a otra persona para castigarla.

El propósito de esta lista no es hacer que te sientas mal contigo mismo, sino indicar lo omnipresente que es la agenda del ego y cómo el comportamiento cotidiano sigue esta agenda de maneras pequeñas y grandes. El ego no tiene necesariamente la culpa: un fuerte sentido del yo es valioso, y todos los niños deben desarrollar un sentido del yo, ya sea débil o fuerte, para navegar por la vida. La culpa está en dejar que tu ego se convierta en una entidad separada, una voz en tu cabeza de la que no te haces responsable. Los excesos del ego son totalmente creados por la mente. Son las consecuencias de la auto-programación.

La otra fuente importante de pensamiento automático es la programación social. La sociedad tiene su propia agenda, o más bien todo un conjunto de agendas. Cuando recurres a cualquier agenda social, antepones a los demás. Pero este altruismo es un poco una cortina de humo. Aceptar a un grupo o tribu parece bastante inocente a primera vista, y el pensamiento automático resultante suele facilitarte la vida. Parece modesto y sin pretensiones tener pensamientos como los siguientes:

- Se necesita trabajar en equipo para lograr cualquier cosa importante, y no hay un "yo" en el equipo.
- Cuanto más apoyo tengas, más probabilidades de éxito tendrás.
- Todos debemos unirnos cuando las cosas se ponen difíciles.
- Nada es más importante que la familia.
- No estoy hecho para ser un héroe.
- Llevarse bien resolverá muchos problemas.
- La sociedad se basa en la ley y el orden.

Estos pensamientos son producto del condicionamiento social que comienza en la primera infancia. Desde el primer día en que tu papá o mamá te dijeron lo que tenías que hacer, te has encontrado con personas a las que obedeces, sigues, imitas, admiras, te sientes leal a ellas y las consideras mejores que tú (como sea que quieras definir *mejor*). El problema, al igual que con la agenda del ego, es que seguir ciegamente la agenda social conduce a los excesos. Haz una pausa por un momento y considera si seguir la agenda social te ha programado de formas no deseadas.

LA SOCIEDAD PIENSA POR TI SIEMPRE QUE...

* Sigues la corriente para que te acepten los demás.
* Te dedicas a pensar en "nosotros contra ellos".
* Temes causar problemas.
* Te haces de la vista gorda cuando tu gente hace algo malo.
* Apoyas a un líder político por lealtad partidista, sin importar sus defectos.
* En el fondo crees que la gente de color es inferior.
* Antepones tu raza, religión, partido político y nacionalidad.
* Proteges a un miembro de tu familia de la policía, aunque sepas que es culpable.
* Apoyas automáticamente cualquier guerra en la que entre tu país.
* Consideras a los manifestantes como alborotadores.
* Apoyas a la policía, pase lo que pase.
* Eres un fanático rabioso de los deportes.
* Te cuesta decir tu verdad.
* Apoyas a las corporaciones por encima del interés del individuo.
* Vas en la dirección que sopla el viento.

Como la agenda social abarca grandes grupos de personas —a diferencia de la agenda del ego, que solo concierne a una persona—, estos excesos pueden conducir a resultados espantosos. Las peores guerras son producto del nacionalismo; el trato horrible a las minorías se basa en el pensamiento de "nosotros contra ellos". Programada por la agenda social, una población que sigue ciegamente a un Hitler, a un Stalin o a un Mao se ve reforzada por saber, en el fondo, que está haciendo lo correcto y lo moral. Los seguidores de líderes autoritarios no cambian de opinión después de que la crueldad y la ilegalidad del líder hayan sido expuestas. En todo caso, es probable que la lealtad de un seguidor se fortalezca cuanto más excesivo sea el líder.

Por supuesto, el comportamiento de la persona promedio suele estar dentro de los límites socialmente aceptables, pero una mente programada sigue siendo una mente programada. La mayoría de las personas no se preocupan por desprogramar sus mentes. Son más propensas a caer en la agenda del ego o en la agenda social según le convenga a su temperamento. Una de estas agendas y no la otra controla las reacciones que la gente muestra sin pensar. Considera los siguientes ejemplos:

- En el aeropuerto se ha anunciado la cancelación de un vuelo. Una persona refunfuña: "Esto no puede pasarme a mí. Tengo que llegar a un lugar muy importante". Otra persona dice: "Me quedaré tranquila. Ya lo solucionarán".
- Una maestra de jardín de niños llama para informar a una madre de que Johnny les está pegando a los niños más débiles y los hace llorar. Una madre dice: "Mi hijo no fue. Lo entendiste mal". Otra madre dice: "Lo siento mucho. Tenemos que llegar al fondo de esto".
- Se abre un puesto de gerente en el trabajo. Un compañero dice: "Me merezco este ascenso. Nadie está mejor calificado que yo". Otro compañero dice: "Puedo mejorar mis posibilidades viniendo a trabajar más temprano y mejorando mi desempeño".

En cada ejemplo, la primera persona sigue la agenda del ego, la segunda la agenda social. Encontrar un punto medio no es fácil, porque los supuestos que hay detrás de cada agenda son muy divergentes. Por eso, muchas personas aceptan una mentalidad sin cuestionarla. El hecho de estar dividido entre dos fuerzas que compiten entre sí —la personal y la social— genera estrés. Las obras de Shakespeare están llenas de estos conflictos. Romeo ama a Julieta, pero sus dos familias se odian. Hamlet sabe que hay algo podrido en el Estado de Dinamarca, pero grita angustiado: "¡Oh maldito rencor, que alguna vez nací para enderezarlo!". Las últimas palabras de Julio César, "*Et tu, Brutè?*", acusan a un amigo de la máxima deslealtad: conspirar con el enemigo.

Más allá del ámbito de la tragedia, la lección aquí es que *el pensamiento automático nunca es un pensamiento exitoso*. Una vez que te das cuenta de esto, has dado un paso crucial para pensar por ti mismo. Pero hay que acercarse mucho más a la inteligencia creativa. Solo ella te permite ser un pensador de éxito en cualquier situación. En lo más fundamental, lo que la inteligencia creativa te da es sabiduría. En efecto, la sabiduría es la inteligencia creativa.

LA ANATOMÍA DE LA SABIDURÍA

- Una mente abierta
- Respuestas flexibles
- Percepciones claras
- Pensamiento lúcido
- Ausencia de prejuicios
- Expectativas positivas

Aquí es donde la inteligencia creativa es mucho más eficaz que el pensamiento rutinario. Haz una pausa y considera tu experiencia en la clase de matemáticas de la escuela. El profesor presenta la lección del día, ¿y luego qué? Algunos estudiantes disfrutan de las matemáticas, las asimilan con rapidez, están abiertos a nuevos retos y se sienten seguros de que obtendrán una buena calificación. Otros estudiantes se sienten aburridos o inseguros de aprender la lección. Unos pueden entrar en pánico y llevar ese pánico de por vida. La diferencia entre el éxito y el fracaso no podría ser más obvia, y sin embargo no podemos explicar nuestras propias reacciones ante un sinfín de experiencias y encuentros.

A veces tenemos la mente abierta, a veces no. En ciertas situaciones tenemos expectativas positivas; en otras, tememos lo peor. Hay muchas razones para dejar de confiar en este revoltijo de reacciones. Son incoherentes y poco fiables. Con cada situación negativa reforzamos nuestra falta de confianza, confusión e incertidumbre. Los prejuicios se confirman. La mente se estrecha.

Sin embargo, hay siglos de tradiciones de sabiduría que nos muestran cómo utilizar la inteligencia creativa al máximo. Los principios rectores son atemporales. He aquí los más importantes.

- La conciencia simple es todo lo que necesitas.
- La mente tiene un nivel de conciencia en el que existen soluciones para cada problema.
- Actúa desde este nivel de solución.
- Apóyate en la inteligencia creativa, que impregna todos los aspectos de la vida.

La conciencia simple es una experiencia de umbral. Al darle a tu mente acceso al flujo de la inteligencia creativa, te estás alineando con la sabiduría. La verdadera sabiduría es dinámica y está viva. Al confiar en la inteligencia creativa, alejas tu mente de cualquier agenda basada en el ego o el condicionamiento social. El objetivo de un umbral es que haya algo al otro lado. En el sistema de chakras lo que hay al otro lado es más transformación.

Hace tiempo que no menciono los chakras, pero al ampliar lo que realmente significa la *inteligencia* a la luz del Yoga, nos hemos detenido en el área del sexto chakra. Cualquier atención que se preste a la mente estimula este chakra, pero hay otras cosas que podemos hacer para alimentar la conciencia, que es la verdadera clave de la inteligencia superior en todas sus diversas formas.

ACTIVAR EL CHAKRA DE LA FRENTE/EL TERCER OJO

Este chakra fortalece todos los aspectos de la mente, pero en especial la intuición, la perspicacia y la imaginación. Algunas cosas que puedes hacer se aplican a todos los chakras en general:

- Estar en conciencia simple. Cuando notes que no lo estás, tómate unos minutos para centrarte.
- Medita en el mantra *Om* (página 115).
- Medita en el pensamiento de centrado "Yo sé" o "Yo soy el conocimiento" (página 117).

Otros pasos están dirigidos más específicamente a activar el chakra de la frente. Lo más importante es apartar la conciencia de la actividad mental y llevarla al nivel del conocimiento. Esto se logra desarrollando la intuición, porque el conocimiento es el saber intuitivo. La intuición es la capacidad de ver lo que tus ojos no pueden ver. Puede experimentarse como un conocimiento directo sin información. Puede ser una visión y un destello repentino de certeza.

EJERCICIO N° 1: CONOCIMIENTO DIRECTO

La intuición en su forma más pura es el conocimiento que obtienes directamente, sin tener que razonarlo. Cierra los ojos y pregunta dónde está un objeto perdido. Observa en tu mente el objeto en cuestión. Observa dónde se encuentra ahora, esperando a que tu mente te brinde una imagen clara con detalles. Las imágenes vagas y fugaces suelen provenir del deseo de no fracasar en el ejercicio o de reflejar conjeturas previas y lugares donde ya has buscado.

Si no obtienes una imagen visual fuerte, pide encontrar el objeto lo antes posible; solicita que te sea devuelto porque lo necesitas. Este ejercicio da resultados notables. La gente ve el objeto perdido con bastante claridad o lo encuentra en un plazo muy breve.

EJERCICIO N° 2: VISIÓN A DISTANCIA

La intuición también implica percibir el mundo de una manera que es imposible cuando los cinco sentidos te limitan. Para que confíes en que tienes este tipo de percepción:

1. Busca un compañero con el que realizar el siguiente ejercicio.
2. Mientras estás sentado en silencio en una habitación, haz que tu compañero vaya a la habitación contigua, donde has colocado una pila de libros o revistas ilustradas.

3. Pídele a tu compañero que abra uno al azar y que se quede mirando un momento cualquier imagen.

4. Mientras tu compañero ve la imagen, obsérvala en tu propia mente.

5. No te esfuerces; permite que cualquier imagen pase por tu mente.

6. Tanto si la imagen es perfectamente clara como si no, descríbele lo que has visto a tu compañero cuando ambos estén de nuevo en la misma habitación.

El secreto del éxito aquí es no interpretar. Las imágenes del ámbito intuitivo suelen ser débiles al principio, por lo que obtendrás vagos indicios de la imagen: una montaña puede parecer solo una línea curva contra el cielo o una forma puntiaguda como un sombrero de bruja. Tal vez solo aparezca un color. Tu mente puede interpretar estos vagos indicadores y llegar a una imagen equivocada. Sin embargo, ten la certeza de que se está enviando y recibiendo una señal real.

Repite el ejercicio tres o cuatro veces. Cambia de lugar con tu compañero y conviértete en el emisor en lugar del receptor. Si trabajas con un estado de ánimo relajado y sabes que la imagen puede verse, te sorprenderá tu creciente precisión.

EJERCICIO N° 3: "PIDE Y RECIBIRÁS"

La intuición trae respuestas que normalmente no están disponibles para nosotros. Cuando has hecho todo lo posible para resolver un problema y la solución no se presenta por sí misma, no estás derrotado: estás listo para un avance. Un avance es un salto de la razón a la intuición, ya sea a través de sueños, destellos de entendimiento o por medio del conocimiento repentino de la verdad. Hay una ley de la conciencia que funciona aquí: "Pide y recibirás".

Toma un problema o un desafío al que te enfrentes actualmente y que aún no haya sido resuelto. Puede ser cualquier cosa en el trabajo o en tu vida privada. Antes de irte a la cama esta noche, haz lo siguiente:

1. Busca un momento en el que estés alerta y no estés cansado. Siéntate con los ojos cerrados y aquieta tu mente deteniendo su diálogo interno.

2. Expón el problema ante ti mismo con la mayor claridad posible.

3. Infórmate a ti mismo lo que esperas que ocurra. Ahora devuelve conscientemente tus expectativas al universo. Permanece abierto a lo que tenga que ocurrir, no a lo que tú esperas.

4. Pregúntate si has reunido suficiente información para resolver el problema. Si hay otras personas implicadas, ¿has obtenido su opinión? Si la situación tiene varios factores externos, ¿los entiendes a la perfección? Si no es así, reúne más información antes de seguir adelante.

5. Cuando pidas una respuesta al problema, devuélvesela al universo: despréndete del resultado.

6. Ten la disposición de recibir la respuesta desde cualquier dirección. Renuncia a cualquier apego sobre un resultado específico.

7. Cuando te vayas a la cama, espera que la respuesta te sea dada mientras duermes.

8. Cuando te despiertes a la mañana siguiente, no te levantes de la cama. Mantén los ojos cerrados y busca la respuesta en tu interior. Escucha en silencio lo que te llegue. Aleja las imágenes confusas o parciales. Espera una respuesta clara, sencilla, definitiva y satisfactoria. Cuando tengas tu respuesta, actúa en consecuencia.

9. Si tu solución no ha llegado, ten paciencia. Sigue con tus asuntos cotidianos. La intuición no siempre llega el mismo día. Prepárate para un destello de intuición en los momentos más inesperados.

Al principio, este ejercicio puede parecer extraño, pero tiene un poder extraordinario si lo practicas lo suficiente. El principio de "pide y recibirás" hace que la conciencia llegue a su nivel más profundo y claro. Este principio ha dado lugar a muchos descubrimientos y percepciones, todos ellos basados en la confianza en la propia intuición y en alimentarla. Al confiar en una inteligencia superior (que no tiene por qué ser un concepto religioso: también se puede confiar en un yo superior o en una mente cósmica), se abre el camino para comunicarse con ella. En última instancia, el misterio de la intuición no es un misterio en absoluto. Es el proceso normal de comunicación con la inteligencia superior que está presente detrás de cada situación.

CHAKRA 5

Palabras mágicas

QUINTO CHAKRA

Ubicación: garganta

Tema: el habla, la autoexpresión

Cualidades deseables:

Decir la verdad sin miedo

Autenticidad

Elocuencia

El lenguaje es un componente de la abundancia que a menudo se pasa por alto. A partir del primer grado, el éxito escolar está correlacionado con la capacidad verbal. Las relaciones tienen éxito o se tambalean en función de lo bien que se comunican dos personas. Te ganas o pierdes el respeto de los demás en función de su confianza en lo que dices. En resumen, las palabras que utilizas tienen un poder inmenso.

Lo que la gente pasa por alto es la magia que hay detrás del lenguaje. Las palabras son mágicas, y la forma en que utilices sus propiedades mágicas determina el desarrollo de tu vida. Cada palabra que dices presenta un misterio. ¿Cómo se convierten las reacciones químicas y las cargas eléctricas de las células del cerebro en las palabras que escuchamos en nuestra cabeza? El cerebro utiliza los mismos elementos básicos que las células de la piel o del hígado, pero sus componentes no piensan ni hablan. En la vida cotidiana, estos misterios quedan sin resolver; nadie los plantea.

El quinto chakra, situado en la garganta, te da la clave de la magia del lenguaje al ver las palabras como expresiones, no de las células del cerebro, sino de la inteligencia creativa. Aquí la conciencia de la dicha se transforma en todas las formas de expresión, pero sobre todo en el habla. (Los humanos ni siquiera necesitamos hablar con palabras. Tenemos lenguaje corporal y expresiones faciales. Según los expertos, utilizamos las manos en más de 200 gestos, cada uno con su propio significado. Te ganarás una sonrisa de otra persona cuando levantas el pulgar, pero no cuando levantas el dedo medio).

Tus palabras te ayudan a conseguir la vida que quieres o te alejan de ella. Esto suena duro, pero es ineludible. Una actitud de abundancia, aunque es importante, no es suficiente. Los pensamientos, las palabras y las acciones deben desarrollarse en un camino hacia la plenitud. En el Camino Medio del Budismo, esta ruta está marcada por el pensamiento correcto, la palabra correcta y la acción correcta.

El quinto chakra se ocupa de la palabra correcta, pero ¿qué significa realmente lo correcto? Se trata de varias cosas:

- Decir la verdad.
- No resistirse ni oponerse.
- Apoyar la propia vida y la de los demás.
- Contribuir a la paz; evitar la violencia.
- Estar alineado con tu dharma.

Si tuvieras que pensar en esta lista cada vez que abres la boca, apenas dirías una palabra. Pero el sistema de chakras simplifica las cosas diciendo que las palabras son correctas cuando mantienen la cualidad de la conciencia de la dicha. "Sigue tu dicha" es válido en todos los chakras, y en especial en este. Con esta guía interior puedes fomentar la magia buena de las palabras y evitar la mala.

¿MAGIA BUENA O MALA?

Cuando dices una palabra, apoyas el flujo de la inteligencia creativa o lo bloqueas. Las palabras tienen la magia de cambiar cualquier situación, ya sea en la dirección correcta o incorrecta. "Te quiero" ha transformado innumerables vidas en la dirección correcta. El "no" ha empujado innumerables situaciones en la dirección equivocada.

Sin embargo, no hay reglas fijas. Decir siempre que sí puede salir tan mal como decir siempre que no. Hay que ser consciente de cómo va la situación concreta y de lo que se necesita. Por fortuna, esto no es tan misterioso como parece. El flujo de la inteligencia creativa apoya la buena magia. Tus palabras estarán alineadas con el mejor resultado en cualquier situación. La magia mala es lo contrario. No es mala en el sentido de ser malvada o moralmente incorrecta. Que sea mala significa que te has desviado del camino que la inteligencia creativa quiere tomar.

Hay señales simples y fácilmente reconocibles que te muestran cómo se está desarrollando una situación.

LA MAGIA BUENA FUNCIONA CUANDO...

El ambiente es relajado.

La otra persona (o personas) muestra un buen lenguaje corporal.

Tus palabras son recibidas con sonrisas, asentimientos y otros signos de acuerdo.

Disfrutas de lo que dices.

Se aclaran los problemas.

Sientes que estás diciendo tu verdad.

Hay una sensación de paz en el lugar.

Surgen respuestas creativas.

Todo el mundo muestra signos de cooperación.

Te sientes escuchado y comprendido.

Ninguna de estas señales es difícil de detectar, pero a menudo no les damos suficiente importancia. En cambio, seguimos adelante, incluso en ausencia de buena magia. Piensa cuántas veces te has encontrado en conversaciones o reuniones en las que percibes, a veces demasiado tarde, que las cosas se han desviado. Las señales de esto también son bastante fáciles de detectar.

LA MAGIA MALA ACTÚA CUANDO

El ambiente es tenso.

La otra persona (o personas) muestra un lenguaje corporal tenso.

Tus palabras son recibidas con miradas vacías o con aburrimiento.

No disfrutas lo que dices.

Los temas se confunden y se enredan más.

Sientes que tus palabras son ineficaces.

Hay una sensación de conflicto u oposición en el lugar.

No se llega a un consenso sobre cómo avanzar.

No te sientes escuchado o comprendido.

Ser consciente de la diferencia entre la magia buena y la mala es un paso importante. Estás adquiriendo un sentido claro de cómo debe funcionar el discurso correcto. El siguiente paso es traer la inteligencia creativa en tu ayuda. No tienes que tratar de manipular una situación mala para orientarla a la dirección correcta. Alinearse con la inteligencia creativa evita que la mala situación se produzca. Como veremos, esta es la forma más natural para que tus palabras te lleven al éxito y a la plenitud.

DE DÓNDE VIENE LA MAGIA

Si una palabra significara solo su definición en el diccionario, no habría magia. Pero las palabras tienen otros significados ocultos a la vista. Considera el siguiente ejemplo de dos personas que tienen un rápido intercambio verbal:

> Persona A: *¿Viste dónde dejé las llaves del coche?*
> Persona B: *No.*

Sobre el papel donde lees estas palabras, se trata de un intercambio básico de información sin ningún matiz especial. Sin embargo, en la vida real el mensaje es muy diferente y está lleno de implicaciones ocultas detrás de cada palabra. Supongamos que la persona A es una esposa que llega tarde al trabajo y que la persona B es su marido desempleado. Ella pregunta: "¿Viste mis llaves?", sin ninguna implicación más allá de un juego de llaves extraviado.

Pero ¿qué pasa con el "No" de él? El marido desempleado puede sentir resentimiento, depresión, autocompasión, envidia o victimismo al saber que su mujer tiene trabajo y él no. Dependiendo de esos sentimientos, el "No" podría ser una respuesta emocional. Como personas ajenas que leemos este breve intercambio en papel (o en pantalla), no sabemos cómo va su relación. Quizá el hombre disfrute siendo un marido que se queda en casa. Su "No" podría ser un simple no.

¿Qué demuestra esto? En cada palabra que pronunciamos hay capas de comunicación. Aquí es donde entra la magia, porque de alguna manera misteriosa los seres humanos somos capaces de enviar y recibir todo tipo de señales invisibles que no figuran en ningún diccionario. No solemos pensar que las palabras tienen tanto poder, pero la próxima frase que pronuncies dirá mucho de lo siguiente:

- Tu estado de ánimo.
- Tu relación con la otra persona.
- Tu papel en la situación.

- Tu estado de dominio o sumisión.
- Lo que entiendes.
- Lo que tienes que expresar.
- Cuánto estás dispuesto a cooperar.
- Cuánta emoción estás invirtiendo o reteniendo.

Cada palabra es como la punta de un iceberg, y la mayor parte del iceberg está fuera de la vista. Sin embargo, incluso a este nivel hay comunicación. Transmitimos tanto por debajo de la superficie que los demás saben —o creen saber— quiénes somos.

El chakra de la garganta es el lugar desde el que se dice lo que se quiere decir sin miedo. Recuerdo que hace décadas me preparaba nervioso para dar mi primer discurso en público. Me sentía ansioso, aunque en la facultad de Medicina y durante mis prácticas hablaba con confianza de las cosas de las que tiene que hablar un médico, es decir, del diagnóstico de lo que padece el paciente, del tratamiento recomendado y del pronóstico de recuperación.

Aunque muchas personas se ponen muy nerviosas si se les pide que hablen en público, yo no tenía miedo exactamente; de hecho, estaba ansioso por dar mi charla. Pero no estaba seguro de cómo me respondería el público. Eran los primeros años de la década de los ochenta. Estaba dando mis primeros pasos en la meditación y en la conexión mente-cuerpo, dos cosas hacia las que los médicos convencionales y gran parte del público sentían escepticismo o franca hostilidad.

En ese momento, un amigo, que era profesor de meditación, me dio un consejo inestimable: "La gente no va a responder por lo que dices. Va a responder por lo que eres". En otras palabras, si digo las palabras más bellas y afectivas, pero me siento cerrado, temeroso e inseguro, mi mensaje no tendrá sentido.

Esta es la magia suprema de las palabras: podemos animarlas. Las palabras reciben energía de lo que llevamos dentro. Las palabras son solo letras y sonidos, pero tenemos el poder de darles vida. Sin embargo, con demasiada frecuencia despojamos a nuestras palabras de su magia al hablar por miedo, por dudas y por la necesidad de ocultar la verdad a nosotros mismos y a los demás. Cuando esto ocurre, el discurso correcto se convierte en un discurso incorrecto.

MENTIRAS MÁGICAS

Parte de la agenda del ego es presentar una fuerte imagen de sí mismo al mundo. Pero este esfuerzo te mantiene desconectado de tu verdadero ser. Si vivieras desde el nivel de tu verdadero yo, no necesitarías ninguna imagen. Esta es la cualidad conocida como autenticidad. Los niños son auténticos de forma inocente y abierta, pero muy pronto aprenden que el juicio de los padres está en marcha. Que te digan que eres "bueno" o "malo" te cambia la vida si estas palabras vienen de uno de tus padres y se repiten con la suficiente frecuencia.

Ser bueno se convierte en la motivación de todo niño y niña. Las posibilidades de fracaso son nefastas. Los niños "malos" pueden quedar marcados psicológicamente de por vida. Pero su destino no está determinado. A cierta edad, un niño malo puede decidir que sus padres estaban equivocados —o necesita que se le demuestre que están equivocados—, lo que puede conducirlo a una dirección positiva. Sin embargo, lo más frecuente es lo contrario. Los niños malos se desaniman y hay muchas menos posibilidades de que crean que "son suficientes".

Existe una enorme zona gris entre las etiquetas tajantes como bueno y malo. Dentro de esta zona creamos la imagen que tenemos de nosotros mismos, impulsada por la inseguridad del ego. La mayoría de las personas alberga una serie de ficciones que proyecta a través de su autoimagen. Yo llamo a estas ficciones "mentiras mágicas". Reflejan la capacidad del ego para engañarnos a nosotros, a las personas con las que nos relacionamos y al mundo en general. Como resultado, nos dejamos llevar por creencias ocultas que no tienen ninguna base en el verdadero yo, que siempre fluye.

Haz una pausa por un momento y considera cuál de las mentiras mágicas del ego puede estar influyendo en ti ahora mismo.

UNA RED DE MENTIRAS MÁGICAS

- Estoy solo y separado de los demás.
- Nací un día.
- Un día moriré.
- Las fuerzas externas me sacuden, están más allá de mi control.
- Mi vida es apenas un grano de arena en el vasto cosmos.
- Estoy inmerso en una lucha personal.
- Busco maximizar el placer y minimizar el dolor.
- Me influyen los recuerdos del pasado, los traumas y los contratiempos.
- Tengo miedo al fracaso.
- Estoy atrapado en este cuerpo que envejece.
- Tengo conflictos internos.
- No estoy seguro de ser digno de ser amado.
- Soy propenso a la ansiedad y la depresión.
- Vivo en un mundo peligroso.
- Necesito tener cuidado con muchas cosas.
- Cuido de mí mismo, sabiendo que nadie más lo hará.
- No soy suficiente.

No hace falta decir estas cosas en voz alta. El discurso humano está lleno de insinuaciones e implicaciones. Constantemente sacamos deducciones que el hablante podría querer ocultar pero que, leyendo entre líneas, reflejan el sorprendente hecho de que las palabras revelan capas de significado. La última línea de la lista de mentiras mágicas del ego, "No soy suficiente", es la mayor mentira y también la más poderosa. Se necesita un libro entero para anularla.

Por muy diferentes que sean dos personas, todas están comprometidas en el mismo proyecto: crear una historia sobre sí mismas. En la vida de casi todo el mundo, el resultado es un revoltijo confuso, en el que la experiencia pasada y las esperanzas futuras se mezclan con lo que ocurre hoy. En esta confusión, muchas personas no obtienen lo que quieren de su historia.

Por ejemplo, supongamos que es sábado y acabas de sentarte a la mesa para desayunar. Como mucha gente, te sientes un poco aturdido antes de haberte servido la primera taza de café. Tu cónyuge o pareja te pregunta: "¿Cómo dormiste?". Con tu siguiente palabra cruzarás un umbral: tu historia de ese día está a punto de hacerse pública. Estás compartiendo tus pensamientos con otra persona, y durante el resto del día tus palabras pertenecen a todos los que interactúan contigo.

Supongamos que no estás interesado en compartirlo en ese momento, así que cuando tu pareja te pregunta cómo dormiste, murmuras "Bien" con voz ronca y te das la vuelta. Congela la imagen. En un solo gesto que dura unos segundos, has hecho algo mágico y quizá ha ocurrido de forma totalmente inconsciente. Has canalizado infinitas posibilidades hacia el mundo real. Utilizando lo que el escritor inglés Aldous Huxley llamó "la válvula reductora", has convertido miles de posibles respuestas en una sola palabra lacónica.

No te apresures a descongelar la imagen, porque si te encoges de hombros ante este ejemplo por considerarlo mundano e insignificante, estás tirando por la borda el aspecto mágico. En el momento en que reduces miles de palabras posibles a una sola —"Bien"— has utilizado una pizca de inteligencia creativa. Pero no es realmente una pizca. Tu historia es como un holograma mental, en el que toda la imagen se revela por un solo detalle.

La capacidad de hacer hologramas mentales es innata, se hereda al nacer y es universal. La utilizas todos los días, tomando un solo trozo de experiencia y ampliándolo hasta convertirlo en una imagen o, mejor dicho, en una película. El rostro de un ser querido no es solo un conjunto de rasgos, sino que toda la relación está condensada en esta imagen visual. Si tocas el piano, al presionar las teclas aparece toda tu habilidad, tu formación y tus gustos musicales. Para un físico que lee un conjunto de símbolos, $E = mc^2$ despliega la revolución que supuso la teoría de la relatividad general de Einstein.

El resultado es que tu historia es demasiado vasta para ser controlada por tu mente o tu ego. Solo la inteligencia creativa prevé hacia dónde va tu historia, qué significa realmente y qué dirección de la trama es la correcta para ti. El discurso correcto no tiene que ver con las palabras que eliges decir. Tiene que ver con el origen de las palabras.

MEJORA TU HISTORIA

Hay demasiadas palabras en tu historia —pasadas, presentes y futuras— para evaluarlas mentalmente, pero tu historia todo el tiempo está proyectando el holograma de ti. O, para ser más exactos, el "tú" que se ajusta al "soy suficiente" o al "no soy suficiente". Uno u otro impregnan tu historia. "No soy suficiente" se proyecta mediante lo siguiente:

- Quejarse
- Culpar a otras personas
- Rehuir la responsabilidad
- Ser poco comunicativo
- Actuar como un tirano insignificante o perfeccionista
- Hacer que los demás parezcan pequeños para que tú parezcas más grande
- Estar a la defensiva
- No revelar nunca debilidad o vulnerabilidad
- Actuar emocionalmente tenso
- Ofrecer poco o ningún elogio a los demás
- Pesimismo
- Tener temor a la intimidad
- Adherirte ciegamente a las normas

A su manera, cada uno de estos comportamientos es un disfraz del juicio hacia ti mismo. El primer paso para mejorar tu historia es empezar a notar cada vez que exhibes estos comportamientos. La lista es larga, así que escribe en un cuaderno un solo comportamiento que creas que puede aplicarse a ti. Presta atención a este comportamiento —quizá sea quejarse o culpar a los demás— y pon una marca en la página de tu cuaderno.

Hazlo durante una semana y luego realiza un balance de tu tendencia a quejarte o a culpar a los demás. El siguiente paso es detenerte cada vez que te sorprendas comportándote así. El simple hecho de dejar de hacerlo, aunque al principio sea difícil, es muy eficaz. Si tienes tiempo, puedes ir a un lugar tranquilo en el que puedas centrarte y ser simplemente consciente. Los padres abrumados, por ejemplo, pueden encontrar un respiro pasando un rato en el baño familiar.

Dado que el karma se forma por patrones repetidos, tenderás a encontrar que el comportamiento que refleja "no soy suficiente" en tu situación es bien conocido por las personas que te rodean. Tu objetivo principal es disminuir y luego eliminar solo los reflejos más destacados. Cuando te sientas lo bastante seguro, siéntate con un amigo íntimo o confidente (no con tu pareja o cónyuge, porque esta relación tiene demasiada carga emocional) y pregúntale qué comportamientos son los más evidentes en ti. Busca una respuesta comprensiva y útil, no una crítica. Te sorprenderás de las cosas que otras personas ven muy fácilmente en ti y ante las que tú podrías estar totalmente ciego. Acoge esta aportación porque, al ser más consciente, puedes empezar a cambiar.

También hay que considerar la otra cara de la moneda. Cuando hay poco o ningún autojuicio, el "soy suficiente" se proyecta por lo siguiente:

- Apertura y honestidad emocional
- Simpatía por los demás
- Dar y estar al servicio
- Tolerancia a los errores, propios y ajenos
- Aceptación fácil de otras personas
- Tolerancia a las diferentes actitudes y creencias
- Optimismo

- Disposición a compartir libremente el crédito por algo
- No criticar a nadie delante de otras personas
- Apreciar generosamente a los demás
- Acoger la intimidad en las relaciones
- Ser capaz de amar y ser amado

Es un placer mejorar tu historia al reforzar estas cualidades. Observa cuáles son las que más valoras y empieza a notar las situaciones en las que puedes expresarlas. Esta parte de ti también es kármica, porque encaja en un patrón repetido. Estos patrones se vuelven inconscientes y automáticos. A la luz de esto, podrías buscar a un confidente y preguntarle cuáles de estos comportamientos no estás exhibiendo. Tal vez no tengas dificultades para compartir el crédito de algo, en cuyo caso no es un área en la que debas centrarte. Pero quizá te sientas incómodo aceptando a personas que son demasiado diferentes a ti. Entonces es un área en la que hay que centrarse. No te obligues a cambiar. Solo ten la intención y busca situaciones en las que puedas mostrar cómodamente aceptación y aprecio.

Utilizando estas dos estrategias —deshaciendo el lado negativo y reforzando el lado positivo— estás forjando constantemente una línea de comunicación abierta con tu verdadero yo. Este sabe lo que pretendes, y serás testigo de que actualizar tu historia se vuelve más fácil y más alegre conforme avanzas.

HABLAR DE LAS RELACIONES

Se ha convertido en un tema decir que una relación sana depende de una buena comunicación, pero si te detienes a pensarlo un momento, las palabras son el ingrediente más constante en tu relación. Es maravilloso escuchar las palabras "te quiero", pero ocupan la más mínima parte de las palabras que tú y tu pareja intercambian. En la terapia de pareja, la queja más común es "Él [o ella] no escucha". Por supuesto, esto no es cierto en el sentido literal. A no ser que seas hábil para dejar de escuchar a los demás —capacidad que se desarrolla con demasiada facilidad en una relación duradera, por desgracia—, estás escuchando todo el tiempo.

Lo que en realidad importa es ser escuchado. Cuando te escuchan, te valoran. Las palabras en sí mismas son secundarias y a menudo irrelevantes. Las personas quieren saber que son importantes; asegurarse de que el vínculo con su pareja sigue siendo fuerte; buscan la validación en los ojos de la otra persona. Si uno confía en que se le escucha, se abre el camino para revelarse cada vez más. Entonces la relación comienza a funcionar al nivel del verdadero yo. Cuando alguien anhela una relación espiritual, la clave es este vínculo al nivel del verdadero yo.

Cuando una relación comienza a desmoronarse, uno o ambos miembros de la pareja dicen: "Nos hemos distanciado demasiado". A veces la afirmación es amarga, a veces no. Pero en cualquiera de los casos, el distanciamiento significa que el vínculo de tu yo con el yo de la otra persona se ha deshilachado o desgarrado. Desde el nivel del ego, el problema es que "yo" —incluyendo mi forma de hacer las cosas, mis actitudes, mis objetivos en la vida— he sido ignorado. La agenda del ego se ha desviado, y la pareja insatisfecha necesita un nuevo aliado para llevar a cabo lo que "yo" quiero.

Me gustaría abordar las relaciones en las que dos personas quieren que las cosas funcionen bien y desean un vínculo de amor duradero. La forma ideal de conseguirlo es darse cuenta del papel que juega la conciencia. La inteligencia creativa no fluye solo a través de los individuos. Fluye igualmente a través de las relaciones.

Las palabras juegan aquí un papel fundamental. En cualquier momento puedes retomar el hilo de la inteligencia creativa. Primero, sé consciente de cuándo se pierde o se rompe el hilo. Pierdes el hilo cada vez que tus palabras:

> *Incitan a la división y a la oposición.*
> *Expresan hostilidad.*
> *Aumentan la ansiedad en ti mismo y en tu pareja.*
> *Alimentan el drama en curso.*
> *Se quejan del comportamiento de su pareja.*
> *Desplazan la responsabilidad y la culpa a su pareja.*
> *Desprecian a otras personas.*
> *Dejan de lado a otra persona.*
> *Intentan dominar y controlar.*
> *Exageran tu autoestima.*

Estas cosas son resultados obvios de las palabras que dices, y no se pueden confundir con algo positivo y que apoye la vida. Estoy utilizando la palabra *pareja* en esta sección, pero todo se aplica igualmente a ser padre o amigo. Hay que estar lo bastante alerta como para detectar cuando rompemos el hilo. Somos muy rápidos para identificar los defectos de los demás, pero muy lentos para ver que lo que más nos disgusta de otra persona es justo lo que negamos de nosotros mismos. Si negamos que hacemos lo que condenamos en otras personas, nuestra autonegación cae bajo la etiqueta de una mentira mágica. La negación y el egoísmo mantienen viva la mentira.

Nadie está totalmente inmerso en las falsas creencias, la negación y el discurso impulsado por el ego que acabo de enumerar. La inteligencia creativa aflora a veces, y entonces tus palabras nutren tu relación. Estás alineado con la inteligencia creativa siempre que tus palabras:

Expresan amor, gratitud y aprecio.

Te conectan con tu pareja.

Dicen la verdad sin herir.

Muestran simpatía.

Contribuyen a la solución de un problema.

Crean una atmósfera positiva.

Ofrecen esperanza y ayuda.

Celebran los dones que se te han concedido.

Ninguna de estas cosas requiere que seas sobrehumano o santo. Un padre cariñoso utilizaría naturalmente las palabras de esta manera al educar a un niño. En algún momento, muchas personas se han enseñado a sí mismas a bloquear el flujo de la inteligencia creativa. Por desgracia, esto ha sido perjudicial para las relaciones de todos. Sin embargo, el Yoga enseña que la conciencia de la dicha se mantiene firme, sin importar lo mucho que nos desviemos hacia un comportamiento autodestructivo o destructivo. La generosidad del espíritu no puede ser frustrada.

Tus palabras revelan quién eres en un nivel de conciencia que se ajusta a la agenda del ego. Lo mismo sucede con tu pareja. Pero en una relación amorosa, la agenda del ego no es la base de tu vínculo. Más bien estás obedeciendo a la atracción magnética que un verdadero yo tiene por otro. Cuando te des cuenta de que esto es verdad, sabrás por qué existe tu relación: no por razones impulsadas por el ego, sino como una expresión de la conciencia de la dicha. No es necesario que convenzas a tu pareja de esto. Tu propio conocimiento basta. Te conecta con la generosidad del espíritu y eso es suficiente. Si tú y tu pareja están en la misma sintonía, no hay nada más hermoso que dos personas evolucionando juntas. La mejor manera de llegar a ese estado es evolucionar dentro de ti mismo. Entonces te conviertes en la encarnación de la generosidad de espíritu.

Resulta inquietante, sobre todo para quienes valoran mucho su crecimiento espiritual, sentir que la otra persona se aleja. Se abre una brecha y la relación comienza a sentirse cada vez más desigual. Tú tratas de seguir tu guía superior, pero tu pareja tiene otras cosas en mente, otras búsquedas y valores. A su debido tiempo, cuando la grieta ya es demasiado grande, la relación podría desmoronarse seriamente. Lo que empezó con grandes esperanzas de una conexión espiritual que uniera a dos parejas amorosas, podría acabar con las mismas feas recriminaciones y decepciones que se producen en cualquier relación rota.

Puede ser difícil escuchar el mensaje del Yoga, pero el comportamiento de tu pareja refleja dónde te encuentras. En el estado de desapego, este conocimiento te permite dejar de culpar a otros y centrarte en tu propio estado de conciencia. El desapego es un estado sanador, no un estado aislado y solitario que necesita que la otra persona sea buena de todas las formas en que tú deseas que lo sea. De forma sutil, la agenda del ego socava el desapego, convirtiéndolo en "mis" ideales espirituales frente a "tus" defectos. El trabajo interior es siempre personal, íntimo e invisible. Sin embargo, es el mayor trabajo que puedes hacer en tu relación.

La vida es infinitamente capaz de sostenerse a sí misma. Cuando te separas de tu ego, entonces te pones del lado de la vida en toda su integridad. Tu confianza crece, paso a paso, hasta que se revela el último misterio: la vida y la dicha son una misma cosa. La carencia y la necesidad nunca han tenido la verdad de su lado.

ACTIVACIÓN DEL CHAKRA DE LA GARGANTA

Este chakra fortalece todos los aspectos de la palabra y la expresión personal. Algunas cosas que puedes hacer se aplican a todos los chakras en general:

- Estar en conciencia simple. Cuando notes que no estás ahí, tómate unos minutos para centrarte.
- Medita en el mantra *Ham* (página 115).
- Medita en el pensamiento para centrarte: "Yo soy la libre expresión" o "Yo digo mi verdad" (página 117).

Otros pasos están dirigidos a activar el chakra de la garganta más específicamente. Todo el tiempo estás proyectando tu historia, y el Yoga enseña que el mejoramiento de tu historia sucede en la conciencia. Mucho depende de que actives el quinto chakra para que digas la verdad de "soy suficiente". Puedes hacerlo cambiando de forma consciente la trama que estás contando, no a los demás, sino a ti mismo.

Ejercicio: tómate cinco o 10 minutos para estar a solas por la mañana. Siéntate con los ojos cerrados y visualízate a ti mismo afrontando el reto del día que tienes por delante.

Escoge algo actual, una situación que te parezca que está estancada o que no funciona como tú quieres.

Visualiza en tu mente un obstáculo: puede ser una persona, una reunión próxima, un punto de resistencia, una falta de comunicación. A la mayoría de nosotros no nos cuesta trabajo imaginar malos escenarios y amenazas anticipadas. Ese es el punto de vista de "no soy suficiente".

Observa el obstáculo como si estuvieras viendo una película y pudieras dirigirla. Permite que la película se desarrolle, y cuando llegues a una parte que no te gusta, regrésala. Si alguien ha entrado a escena para poner obstáculos o quejarse, al regresar observa cómo esa persona retrocede en reversa y vuelve a entrar. Estás liberando una expectativa tensa y ganando control sobre ella.

Repite este ejercicio hasta que dejes de sentirte tenso y frustrado. Tener control sobre tu visualización es una forma poderosa de permitir que la inteligencia creativa fluya, y nada es más importante que eso. Eres un cocreador en cada situación en la que te encuentras. Quieres recuperar el papel creativo. De lo contrario, la situación te está controlando a ti.

El mismo ejercicio sirve para mejorar una relación o cualquier situación que esté funcionando bien. Piensa en un momento próximo del día y visualízalo como si fuera una película. En la película, visualiza a tu pareja actuando perfectamente o la situación resolviéndose en total armonía. Repasa la escena hacia atrás y repítela. Haz esto hasta que te sientas realizado y seguro de tu nueva visión.

No esperes resultados instantáneos ni el mejor desenlace cada vez. El proceso evolucionará siempre que te hagas a un lado y permitas que la inteligencia creativa tome el control. La inteligencia creativa se deja guiar por tu visión interna del mejor resultado. Eso es suficiente para mejorar tu historia desde el nivel de la conciencia, que es el más poderoso para el cambio en una dirección evolutiva.

CHAKRA 4
Emociones del corazón

CUARTO CHAKRA

Ubicación: Corazón

Tema: Emociones

Cualidades deseables:

Felicidad

Amor

Inteligencia emocional

Empatía, vínculo afectivo

Los seres humanos somos los únicos seres vivos que tenemos problemas para ser felices. Si el sistema de chakras puede resolver este problema, contribuirá enormemente a la vida de una persona. La felicidad es un estado emocional, y las emociones se centran de manera simbólica en el cuarto chakra, situado en el corazón. En su estado de abundante equilibrio natural, el chakra del corazón es la fuente de la felicidad, pero también de la expresión emocional de todo tipo. Eso es lo que entendemos comúnmente cuando hablamos de tener un corazón feliz o un corazón triste, un corazón lleno o un corazón vacío. Los antiguos yoguis hindúes concordaban con esto. Llegaron a hablar de la sabiduría del corazón, porque con cada chakra surge un nuevo modo de conocimiento. Es tan sabio, y quizá más sabio, *sentir* el camino de la vida que *pensar* el camino de la vida.

En el cuarto chakra, la inteligencia creativa se transforma en emociones. Como seguimos hablando de la conciencia de la dicha, que es la fuente de todas las transformaciones, las emociones están destinadas a mejorar la vida con sentimientos de amor y alegría, pero también de compasión, empatía, intimidad, perdón, esperanza y optimismo. Las emociones negativas están mal alineadas. Son guías poco fiables, aunque los impulsos de ira, miedo, depresión y celos pueden ser poderosos. Cuando se producen emociones negativas, es una indicación de que algo se ha desviado en el flujo de la inteligencia creativa. La gente suele sentirse impotente para cambiar sus emociones. Pero las emociones reflejan tu estado de conciencia, y en el Yoga, cuando estás en la conciencia simple, los nudos emocionales ocultos se desenredan y el viejo karma disminuye; a veces se disipa por completo. Como podemos ver, el pasado desempeña un papel importante en la historia.

Parte de la afluencia interior es una vida emocional rica, empezando por tu derecho a ser feliz. Pero la psicología moderna ha descubierto que es casi imposible decidir con certeza si los seres humanos están destinados a ser felices. La psicoterapia tiene un bajo índice de éxito en la sanación de la depresión y la ansiedad, que son los principales obstáculos para sentirse feliz, por lo que recetan antidepresivos y tranquilizantes a la gran mayoría de los pacientes. Estos fármacos disminuyen los síntomas de la ansiedad y la depresión sin ofrecer una cura, y a menudo no son fiables ni siquiera para aliviar los síntomas.

El Yoga no es una rama de la medicina ni de la psicoterapia, pero ofrece un conocimiento más profundo sobre el funcionamiento de la conciencia, que está en el corazón de las emociones, ya que estas son transformaciones de la conciencia. Si la vida emocional de una persona es problemática, conflictiva o insatisfactoria, es inevitable que se vea disminuida a nivel emocional. Llevado al extremo, una persona puede existir en un estado de pobreza emocional. Esto es algo de lo que cada uno debe responsabilizarse, porque las elecciones emocionales que tomamos no están predestinadas.

No descarto la educación familiar. Todos los niños están profundamente influenciados por el amor o la falta de él, y hay casos —por desgracia, demasiados— en los que el maltrato y el abuso generan un dolor y una angustia duraderos. Pero el proceso de sanación no se alcanza borrando el pasado, culpando a tu familia o dependiendo de que otra persona te cambie. El proceso de sanación se produce dentro de ti, lo que te convierte en sanador y en sanado.

El conocimiento de ti mismo es el punto de partida, así que haz una pausa y considera en qué medida te afecta la pobreza emocional:

SÍNTOMAS DE LA POBREZA EMOCIONAL

- Sentirte preocupado y ansioso.
- Tener mal genio.
- Dificultad para expresar amor y afecto.

- Tener miedo a la intimidad.
- Sentirte avergonzado de mostrar tus emociones.
- Sentirte avergonzado cuando otra persona muestra sus emociones.
- Creer que mostrar las emociones es un signo de debilidad.
- Creer que "los hombres no lloran".
- Juzgar a las mujeres por ser "demasiado emocionales".
- Tener dificultades para expresar lo que sientes realmente.
- Esconderte de tus verdaderos sentimientos.
- Albergar un trauma emocional secreto o un abuso en el pasado.
- Guardar rencores.
- Tener dificultades para perdonar.
- Ser perseguido por humillaciones y fracasos del pasado.
- Verte a ti mismo como un perdedor.
- Aferrarte obstinadamente a sentimientos de ira, celos, resentimiento y venganza.
- Sentirte triste sin motivo.
- Sentirte impotente y sin esperanza.

Creo que la mayoría de la gente se sorprenderá de lo larga que es esta lista. Es igual de asombroso darse cuenta de la cantidad de síntomas de pobreza emocional que nos rodean y que están dentro de nosotros. Freud acuñó un término —"psicopatología de la vida cotidiana"— para indicar lo común que es el malestar psicológico. Nos engañamos a nosotros mismos cuando encasillamos a las personas que consideramos locas, inadaptadas, peculiares, neuróticas, problemáticas y, por lo tanto, psicológicamente anormales. La vida cotidiana de todos nosotros tiene un trasfondo psicológico. Nadie escapa a unos cuantos síntomas de pobreza emocional, que aparecen mucho antes de que una persona necesite la ayuda de un terapeuta.

Se puede entender por qué la mayoría de la gente es muy reacia a explorar sus emociones en profundidad. Cuando experimentamos dolor psicológico, casi todos practicamos alguna forma de evasión. Guardamos silencio sobre nuestra angustia e intentamos ocultarla a los demás por vergüenza. Entramos en negación o buscamos distracción viendo la televisión, jugando videojuegos, bebiendo alcohol, etcétera: cualquier alivio temporal del dolor emocional se siente menos amenazante que enfrentar realmente el problema.

La sanación comienza —sin vergüenza, pánico, miedo e inquietud— cuando aceptas que es posible alcanzar un estado de plenitud interior. En su estado equilibrado, el chakra del corazón rebosa felicidad; se necesita tiempo y esfuerzo para estropear este estado. Nuestra tarea es anular todo ese tiempo y esfuerzo mal empleado. Nadie debería experimentar la pobreza emocional. Una vida emocional rica, a la cual tienes derecho, posee las siguientes cualidades:

SÍNTOMAS DE RIQUEZA EMOCIONAL

- Estás en contacto con tus emociones.
- Pones atención en lo que sientes.
- Confías en tus respuestas emocionales y te dejas guiar por ellas.
- El miedo y la preocupación no controlan tu vida.
- Te recuperas de las emociones negativas.
- No te aferras a la ira, los celos y el resentimiento.
- Disfrutas la intimidad con la persona que amas.
- Puedes expresar amor y afecto libremente.
- No te da vergüenza mostrar tus sentimientos.
- No te sientes agobiado por las humillaciones y los fracasos del pasado.
- Eres generoso a la hora de expresar tus sentimientos.

La sanación emocional es íntima, y funciona mejor si eres amable contigo mismo. En una metáfora muy linda, la tradición védica de la India se refiere al proceso de sanación como "soplar el polvo de un espejo". El polvo es la acumulación de recuerdos y viejas experiencias que dan lugar al sufrimiento interior. El espejo es la conciencia simple, que refleja solo la conciencia de la dicha en todas sus formas.

CÓMO EVOLUCIONAN LAS EMOCIONES

Muchas personas desconfían de sus emociones y se esconden de ellas; otras las magnifican y utilizan para manipular una situación y conseguir lo que quieren. Por ello, es posible que seas reacio a emprender un viaje que te lleve por el oscuro bosque de las emociones reprimidas y tóxicas. Hay que ofrecer dos garantías. En primer lugar, no es necesario explorar el bosque oscuro del inconsciente. La sanación emocional se produce permitiendo que la conciencia de la dicha se restaure a sí misma. Desde la perspectiva de la conciencia simple, toda la mente es consciente. Nos escondemos de nuestras emociones al nivel del ego. La inteligencia creativa opera a un nivel más profundo. En segundo lugar, un viaje emocional no es nada que temer o evitar; ya estás en ese viaje y lo has estado desde tu nacimiento. Tus emociones forman parte de todo lo que dices, piensas y haces.

Estaría bien que la única tarea que tuviéramos por delante fuera recuperar el niño interior, que se ha convertido en una especie de ideal emocional de inocencia. Pero la vida emocional de un niño es inmadura y no ha evolucionado. Las bases están ahí, esperando a que se les dé forma, y van desde la alegría pura hasta la ira y el miedo poderosos. Sin embargo, si no evolucionas más allá de lo básico, llevas a la vida posterior el lado destructivo del niño interior. El niño interior no desaparece en los adultos, y a veces sigue ejerciendo un gran poder. Todo depende de si esa parte infantil contribuye o no a tu bienestar emocional.

¿CÓMO ES TU NIÑO INTERIOR?

En la infancia aprendemos las lecciones de la vida, y esto aplica a nuestras emociones. Para hacerte una idea de cómo te trata hoy tu pasado, responde a las siguientes preguntas marcando "Sí" o "No". Sé lo más sincero que puedas contigo mismo, sin ser complaciente ni demasiado autocrítico.

Por lo general, soy ecuánime.
Sí ☐   No ☐

No soy propenso a los arrebatos repentinos.
Sí ☐   No ☐

No reacciono impulsivamente.
Sí ☐   No ☐

Puedo aceptar las críticas bastante bien.
Sí ☐   No ☐

Me resulta fácil alegrarme por la buena suerte de otra persona.
Sí ☐   No ☐

No guardo rencor.

Sí ☐ No ☐

No me permito tener fantasías de venganza.

Sí ☐ No ☐

Puedo recordar momentos recientes de alegría.

Sí ☐ No ☐

La felicidad de los demás es importante para mí.

Sí ☐ No ☐

Considero a los rivales como competidores, no como enemigos.

Sí ☐ No ☐

Puedo escuchar con paciencia los problemas de otra persona.

Sí ☐ No ☐

Mis emociones no me meten en problemas como sostener discusiones acaloradas.

Sí ☐ No ☐

Me siento cómodo siendo cálido y afectuoso.

Sí ☐ No ☐

Valoro ser amado y digno de amor.

Sí ☐ No ☐

Mis padres fueron buenos ejemplos de madurez emocional.

Sí ☐ No ☐

Si alguien se enoja conmigo no devuelvo el golpe.

Sí ☐ No ☐

No me importa demasiado si les caigo bien o mal a los demás.

Sí ☐ No ☐

La mayoría de la gente me resulta simpática.

Sí ☐ No ☐

Tiendo a ver lo mejor de los demás, y no lo peor.

Sí ☐ No ☐

Soy tolerante. No me apresuro a criticar a los demás.

Sí ☐ No ☐

Suelo saber lo que siente otra persona, aunque intente ocultarlo.

Sí ☐ No ☐

Siento compasión por quienes tienen problemas.

Sí ☐ No ☐

Me río con facilidad.

Sí ☐ No ☐

Disfruto de la compañía de los niños.

Sí ☐ No ☐

Sé lo que se siente estar elevado espiritualmente.

Sí ☐ No ☐

Total de Sí _____   Total de No _____

EVALÚA TU PUNTUACIÓN

Si tu niño interior es feliz y está equilibrado, puntuarás "Sí" 25 veces, y si tu niño interior está sufriendo y desequilibrado, puntuarás "No" 25 veces. Nadie puede obtener una puntuación tan absoluta en ninguno de los dos casos, porque la vida interior de cada persona está mezclada. Lo que debes notar es la proporción de respuestas "Sí" y "No". Cuantas más respuestas "Sí" tengas, mejor.

18-24 "Sí": has evolucionado muy bien emocionalmente y has ayudado a tu niño interior a crecer en cuanto a la comprensión y aceptación. Demuestras una buena combinación de sentirte seguro en tu vida emocional y también de responder bien a las emociones de los demás. No anhelas la aprobación ni te minimizas ante la desaprobación. Tus reacciones emocionales son consideradas, templadas por la experiencia, la razón y la madurez.

13-17 "Sí": tu vida emocional se sitúa en un punto intermedio, cerca de la norma social. Tu niño interior a veces es inseguro. Quizá no valoras tus emociones ni confías plenamente en ellas. Por el contrario, te encuentras acorralado por emociones no deseadas que preferirías evitar. Si eres introvertido, te guardas tus sentimientos. Si eres extrovertido, tus emociones están a la vista de todo el mundo. Es probable que te guste evadirte en fantasías románticas, ya sea en la imaginación o a través de películas y libros.

1-12 "Sí": tu niño interior tiene una influencia negativa sobre ti, y cuanto más baja sea tu puntuación, más autodestructiva será esta influencia. Se te dificulta conectar con adultos maduros y prefieres estar con otros que sean tan inmaduros, pesimistas, dubitativos e impulsivos como tú. En el extremo superior (10-12 "Sí"), es posible que no notes ninguno de estos déficits. En cambio, tan solo les das la espalda a las emociones y otorgas un gran valor a ser una criatura racional, por un lado, o altamente autodisciplinada, por el otro. En cualquier caso, juzgas a las personas que muestran sus emociones con facilidad. Puedes sentirte superior a ellas. Te ocupas de tu propia vida, con sus altibajos, y tienes poca simpatía por las personas que no se limitan a seguir adelante y a resolver sus propios problemas. En tu opinión, cuanto más emocional eres, más débil pareces ante los demás y ante ti mismo.

Permíteme subrayar que a la mayoría de nosotros nos resulta difícil ser completamente sinceros sobre nuestra vida emocional, por lo que este cuestionario es solo una guía general. A algunas personas les resulta muy fácil exagerar sus cualidades positivas, y a otras se les da muy bien exagerar sus defectos. Utiliza este cuestionario solo como un espejo que refleja lo que sientes sobre tus emociones de forma general.

Una vida emocional rica te vuelve generoso con tus sentimientos, abierto y resistente. Ningún niño empieza así, por lo que todos necesitamos evolucionar más allá de la vida emocional de la infancia y la adolescencia. Sin embargo, paradójicamente, no hay acuerdo sobre la razón por la que el *Homo sapiens* ha evolucionado durante milenios para ser tan emocional como lo es hoy.

La evolución no ha hecho que la naturaleza humana sea un camino de rosas. Tus emociones pueden proporcionarte los mejores y los peores momentos de tu vida. En cualquier caso, la mente humana quiere experimentar la máxima diversidad. Al igual que nunca se nos acaban los pensamientos y las palabras, tampoco se nos acaban los sentimientos. *Máximo* significa lo que dice: cada uno de nosotros va mucho más allá de simplemente querer sentimientos agradables y placenteros de forma constante.

Cada sentimiento positivo tiene un opuesto que es su gemelo en la sombra, y no puede existir uno sin el otro. La enmarañada red de emociones humanas se pone de manifiesto en frases como "Es el tipo de persona que te gusta odiar". La poesía amorosa está llena del dolor del amor, así como de sus delicias. El sexo fue considerado el placer primario por Freud, pero la lujuria es un pecado bíblico, y Shakespeare comunica las emociones más oscuras que rodean al placer sexual en el soneto 129: "El gasto del espíritu en un derroche de vergüenza / es la lujuria en acción". Sin embargo, los asuntos del corazón, en general, se exponen desnudos a la sombra.

Es bastante sorprendente que sea imposible explicar por qué los humanos tenemos emociones. Otras criaturas muestran impulsos que nos tientan a equipararlos con nuestros propios sentimientos. Tras la muerte de un elefante, el resto de la manada permanece en silencio alrededor del cuerpo durante varios días, lo que a ojos humanos parece un duelo. Los delfines no solo llevan una sonrisa permanente, sino que parecen felices retozando en las olas. Todas las crías de mamíferos parecen pasar gran parte de su tiempo jugando, lo que llamaríamos divertirse. Sin embargo, nos resulta imposible saber lo que sienten los animales. No podemos mirar dentro de su psique.

Podemos relacionar los impulsos más primitivos con la parte inferior del cerebro, en la base del cráneo, donde residen el impulso sexual y la lucha o la huida. Pero estas son reliquias de nuestro lejano pasado homínido, si no es que cientos de millones de años antes; es difícil encontrar un mamífero, ave o reptil que no muestre los mismos impulsos. Lo que les sirvió a todas las criaturas no fue suficiente para el *Homo sapiens*. Somos las únicas criaturas que desconfiamos de nuestros impulsos básicos. ¿La evolución ha propiciado esto a lo largo de milenios?

Creo que nuestras emociones van en contra de la supervivencia darwiniana. Por ejemplo, los humanos cuidamos de los ancianos, los enfermos y los discapacitados. Esta es una forma de supervivencia artificial, ya que la selección natural elimina a los débiles, los enfermos y los ancianos. (Tampoco podemos señalar que la compasión tenga raíces en los primates superiores de la selva. Los machos alfa dominan a los débiles por total egoísmo, por medio de su ferocidad y la violencia).

El propósito de las emociones no se revela en términos darwinianos, sino en el nivel de la conciencia. Un antiguo texto espiritual hindú sobre el amor, el *Brihadaranyaka Upanishad*, lo tiene claro. El texto toma la forma de una reina que desea escuchar la sabiduría más secreta de su marido, el rey, y su diálogo es íntimo, sencillo y honesto. En la línea más importante del *Upanishad*, el rey declara: "Todo amor es por el bien del Ser".

Podría parecer, erróneamente, que el rey está diciendo "Todo amor es egoísta". Lo que en realidad quiere decir es esto: parece que amamos a otra persona por su cuerpo o su mente, pero en realidad todo amor proviene de una fuente más profunda. Se puede llamar a esta fuente el alma o el Ser. La S mayúscula se utiliza para designar que este Ser está más allá del ego. En otras palabras, el Ser es la porción de conciencia pura de cada persona, el alma. Amar a otra persona forma un vínculo emocional de Ser a Ser, de conciencia a conciencia, de alma a alma.

EVOLUCIONAR EMOCIONALMENTE

A lo largo de todas estas páginas, he dicho que puedes confiar en que la inteligencia creativa te dará todo lo que necesitas para lo que tienes que hacer. Esto es válido para tus emociones. Necesitas ciertas emociones para llevar una vida exitosa y plena, y hay emociones que no necesitas.

Pocos de nosotros abordamos las emociones de esta manera. En cambio, etiquetamos las emociones como positivas y negativas, lo que es útil hasta cierto punto.

Pero observa que la ira a veces es negativa, otras veces es positiva y unas es totalmente tóxica. ¿Puedes vivir sin ira, desterrando de tu estructura emocional todas sus formas? Una de las virtudes a las que llega una persona iluminada, según el Yoga, es *Ahimsa*, que suele traducirse como "no violento" o "no hacer daño". Pero esto no es lo mismo que desterrar la ira, porque la ira no es lo mismo que la violencia.

Por extraño que parezca, existe la ira amorosa y la ira pacífica. Una madre puede regañar a un niño pequeño por escribir en las paredes con crayolas, sin perder el amor por su hijo. Se puede expresar la ira por el crimen y la guerra, sin dejar de ser pacífico en el fondo. Lo que importa es tu intención. Si utilizas la ira con una intención negativa, esta se transforma en algo oscuro y amenazante. Todos percibimos esto. Sabemos cuándo alguien está simplemente enfadado y cuándo alguien lleva la ira un paso más allá al atacarnos o intentar dominarnos. Conocí a una mujer que se convirtió al budismo al final de su vida, y una de las razones para hacerlo fue su sentimiento de culpa por haber sido una madre tan irascible, dura y dominante.

Cuando sus hijos eran pequeños se enojaba por cualquier cosa. Esto podría llamarse ira egoísta o narcisista. Después, cuando se calmaba, no se disculpaba. De alguna manera, ignoraba la ruptura destructiva que estaba gestando con sus hijos. Me habló de su dolor por el hecho de que sus dos hijos, ya mayores, no pudieran aceptarla como una budista pacífica.

"Ya no me enojo con ellos", me dijo, "y hago todo lo posible por demostrarles lo mucho que los quiero. Pero cuando estamos juntos se comportan de forma rígida y distante. ¿Qué puedo hacer?".

"Hacer las paces con cómo son las cosas y dejar que ellos cambien a su debido tiempo", dije, sin mucha confianza.

"Pero ya han pasado años", se lamentó.

No te sorprenderá saber qué fue lo que falló. Sus hijos quedaron marcados por la ira de su madre, no porque ella perdiera los estribos —todos los padres lo hacen—, sino por la intención que había detrás de su ira. Esta intención decía: "Tú no cuentas". Por supuesto, ella no verbalizó este mensaje, pero fue recibido de todos modos, por medio de las antenas emocionales de un niño, que son muy sensibles. Se necesita tiempo para endurecer nuestro corazón a medida que crecemos, pero eso es lo que sucedió en este caso. De pequeños, sus hijos endurecieron sus corazones contra su madre para defenderse de la próxima vez que ella les lanzara una ráfaga de ira.

Llevar el peso de las heridas del pasado dentro de uno mismo provoca una condición conocida como "deuda emocional" (el término fue popularizado por el fallecido psiquiatra David Viscott en sus escritos). ¿Qué causa la deuda emocional? No son las emociones de la ira, la ansiedad, la envidia, los celos o cualquier otra cosa. Por sí mismas, estas emociones no pueden infligir un daño duradero hasta que se unen a las intenciones. Una mala intención unida a una emoción negativa crean la deuda emocional que todo el mundo ha acumulado en el pasado.

DE DÓNDE VIENE LA DEUDA EMOCIONAL

El pasado está entretejido en nuestra estructura emocional. Las viejas heridas han dejado una huella, de la misma manera que el pulgar deja una huella en la arcilla blanda. Sin embargo, las heridas emocionales lo hacen de forma invisible. Cuando sientes ira, ansiedad, celos u otra emoción que luego lamentas, tu pasado te está hablando. Cuando desahogas tu ira o expresas tu preocupación a otra persona, tu pasado está hablando a través de ti.

Para saldar tu deuda emocional de una vez por todas, primero tienes que saber de dónde viene. Mientras lees la siguiente lista, haz una pausa y recuerda cada punto, para ver si puedes identificar alguna ocasión en la que tú fuiste el objetivo. Normalmente, estos incidentes suceden en la familia.

La deuda emocional se produce cuando:

Alguien dirige la violencia hacia ti. Esta violencia puede ser física o mental, una explosión de rabia o una bofetada en la cara.

Te han acosado en la escuela o un profesor te ha hecho sentir estúpido.

Te han castigado injustamente, y los alegatos de inocencia no han servido de nada.

Alguien ha herido tus sentimientos y no le ha importado. El mensaje oculto es que no cuentas.

Una persona parece gustarte, pero luego comete un acto casual de traición, como hablar mal de ti a tus espaldas o compartir un secreto que prometió no revelar.

Una persona retiene su amor para manipularte. El mensaje oculto es: "Si me amas, puedo lograr que hagas lo que yo quiero".

Una pareja íntima te traiciona sexualmente con otra persona.

La competencia va más allá de la rivalidad o de un juego y se convierte en algo más parecido a una guerra. En estas situaciones, el ataque te toma por sorpresa y deja al descubierto tu vulnerabilidad. El mensaje es: "No seas tan confiado. Eso es un signo de debilidad".

Un padre o una madre muestran favoritismo por un hijo en detrimento de los demás. Esto es más dañino cuando el hijo que no es favorecido es culpado y menospreciado para subrayar que no merece el mismo amor que el hijo favorecido.

Un padre o una madre comparten emociones adultas con un niño pequeño. La división entre niño y adulto es necesaria para que el niño se sienta seguro. El hecho de que un padre o una madre descarguen su propia preocupación y ansiedad en el niño, le genera a este una enorme ansiedad. El resultado es una especie de nudo emocional: el niño sabe que su padre o su madre tienen problemas, pero no posee el poder para mejorar las cosas.

La lista puede ser interminable, pero una vez que se comprende cómo funciona la deuda emocional se puede ver el vínculo entre una mala intención y el daño que causa. Con esta conciencia, puedes empezar a deshacer el daño y perdonar tus deudas emocionales. A continuación, entraremos en el proceso de sanación.

PERDONAR TU DEUDA

El chakra del corazón es sanador cuando permite que los residuos emocionales del pasado sean lavados, no a través de un doloroso retorno al pasado, sino por el abundante flujo de la inteligencia creativa. Está claro que no se puede tener una vida emocional rica y al mismo tiempo tener deudas emocionales. El mejor sanador de las emociones es la propia emoción. Cuando experimentas un momento de alegría, un poco de la vieja tristeza se disuelve. Al igual que las manchas de tinta persistentes en una camisa, se necesita más tiempo para lavar las manchas emocionales, pero el método sigue siendo el mismo, y en cada etapa hay esperanza y mejora.

Para convertirte en tu propio sanador, alíneate con la inteligencia creativa, porque esta solo quiere lo que es bueno para ti. En cualquier momento, tu intención es la clave. Aprende a reconocer cuál es realmente tu intención. No hace falta nada más. No tienes que psicoanalizarte a ti mismo ni a nadie más. Permanece centrado y en la conciencia simple.

Las intenciones que están alineadas con la inteligencia creativa son obvias; no hay ningún misterio en ellas. Tienes la opción de favorecerlas cuando quieras. Las intenciones se expresan como frases que inician con "Yo quiero".

LAS INTENCIONES DE LA CONCIENCIA SIMPLE

- Yo quiero sentirme más realizado.
- Yo quiero ser más feliz.
- Yo quiero tener paz.
- Yo quiero ser creativo.
- Yo quiero ser una influencia positiva.

- Yo quiero ser abierto y honesto.
- Yo quiero lo mejor para todos.
- Yo quiero lo que es correcto y veraz.
- Yo quiero estar emocionalmente cerca de los demás.

El flujo de la inteligencia creativa te apoya justo en lo que necesitas. Cuando dejas de interponerte, surge lo que necesitas. El problema es que todos somos incoherentes: a veces actuamos con buenas intenciones, pero otras veces no. Las cosas se complican, las emociones empiezan a ir en contra de nuestra felicidad y la situación se sale de control.

La mayoría de las personas se sienten mal emocionalmente y reaccionan ante una emoción fuerte de ira, miedo o agitación tratando de deshacerse de ella. Para ello, la transmiten, como si arrojaran una papa caliente al regazo de otra persona. La culpa es especialmente potente, porque en lugar de asumir la responsabilidad de tu situación, culpar a otra persona te permite absolverte a ti y al mismo tiempo soltar la culpa. El sentimiento de culpa se reduce si la culpa es de otro. Nada de lo que está mal es culpa tuya.

Pero transmitir la culpa constituye la peor de las intenciones, porque con eso no te haces ningún bien a ti ni a los demás. No es difícil reconocer cuando se está participando en este juego emocional, que aparece a menudo en las relaciones. Dado que un hábito como el de la culpa es tan destructivo en las relaciones, se puede, y se debe, abandonar su transmisión. No es difícil ver cómo se juega a este juego.

LAS TÁCTICAS PARA "PASARLA"

- Atacar
- Culpar
- Aferrarse

- Dominar
- Manipular
- Controlar

Cada una de estas tácticas requiere un poco más de explicación.

Es importante no pasar por alto estos comportamientos y ver de dónde vienen realmente.

Atacar es la ira dirigida a otra persona. Justificamos este comportamiento diciendo cosas como "se lo merecía" o "tenía que defenderme". En el peor de los casos, no nos molestamos en justificarnos. Devolver el golpe, mostrar impaciencia, menospreciar a otra persona y mostrar una justa indignación son cosas que ocurren de forma irreflexiva. En todos los casos, sin embargo, la otra persona se siente atacada. Sea cual sea la excusa que se te ocurra, tú eres el atacante, y debes asumirlo.

El hecho de *culpar* a otro es un mecanismo que suele venir directo del niño interior, que no se siente lo bastante adecuado o seguro para manejar lo que siente. Los niños recurren a sus padres siempre que se sienten abrumados; un padre o madre es más fuerte y más capaz que el niño. De forma distorsionada, estás haciendo lo mismo cuando culpas a otra persona. Estás reconociendo implícitamente que eres débil y que la otra persona es más fuerte. Le pides que asuma la carga que tú no puedes o no quieres llevar. La otra persona sentirá que esto es injusto, porque la culpa está desequilibrada. Tú asumes muy poco de la carga y transfieres demasiado.

Aferrarse también es un remanente de la infancia. Si observas el comportamiento de los primates, los bebés de los monos, los chimpancés, los lémures y todos los demás se aferran a sus madres y se dejan llevar por ellas. Así se sienten protegidos hasta que el mundo deja de parecerles amenazante, momento en el que dejan de aferrarse. Hay un tiempo intermedio en el que el bebé se aventura solo, pero ante el menor indicio de peligro vuelve corriendo a aferrarse a su madre.

En los bebés humanos, una de las primeras habilidades motrices es el aferramiento o agarre con la mano; el aferramiento a la madre cuando aparece un extraño comienza a los nueve meses de edad. Sin embargo, en el caso de la deuda emocional el aferramiento es emocional. Te aferras pasivamente a alguien que crees que es más fuerte. Permites que se encargue de la toma de decisiones. En momentos de estrés te vuelves impotente y necesitas que otra persona cuide de ti. En estas situaciones, la otra persona siente que está lidiando con un niño.

Dominar es una táctica de acoso, y aunque hay una protesta pública sobre el acoso, la cual abunda en las redes sociales y por lo regular se dirige a adolescentes y preadolescentes, el comportamiento de acoso comienza mucho antes. Si piensas como un primatólogo que estudia el comportamiento de los primates en la naturaleza, el acoso es una forma de establecer el dominio entre los machos de una familia o manada (al tiempo que los machos les muestran a las hembras que son subordinadas). Pero la analogía con los humanos es pobre. El *Homo sapiens,* al ser consciente de sí mismo, no tiene ninguna necesidad natural de dominar o ceder ante otros de su especie. Somos capaces de ser autosuficientes y autónomos. Tenemos la opción de cooperar en lugar de competir.

El comportamiento dominante es un atajo regresivo. Es regresivo porque vuelve a la intimidación infantil del estilo que se daba en el patio de la escuela y bloquea la oportunidad de cualquier negociación emocional. Una persona dominante simplemente quiere tener la sartén por el mango en todas las situaciones. Las demás personas se sienten menospreciadas y privadas de su derecho a recibir el crédito, compartir el protagonismo y aportar lo que tienen que dar.

La manipulación suele surgir de las tácticas que funcionaron en la infancia, cuando descubres que al persuadir y llorar obtienes lo que quieres. Te aprovechas del amor de tus padres al manipularlo de forma egoísta. Si tu niño interior ha aprendido que la manipulación ha funcionado en el pasado, esta táctica se traslada a la edad adulta y adopta diversas formas. Te sales con la tuya culpando a la otra persona por no darte lo que quieres. Te enojas, pones mala cara y te retraes para demostrar lo infeliz que te han hecho. Actúas de forma histriónica y sacas las cosas de proporción. A menudo, quienes son el blanco de esta manipulación no se dan cuenta de que están siendo manipulados (a menos que sean expertos en ello). Empiezan a percatarse de ello cuando se sienten manipulados o se dan cuenta de que la otra persona está fingiendo sus reacciones por motivos egoístas.

El comportamiento controlador, a primera vista, no parece que surja en la infancia, pero hay tácticas burdas, como hacer una escena en público, que son signos de control —en cuanto el padre o madre cede, un niño de dos años que hace un berrinche suele apagarlo como con un interruptor—. Pero en los adultos, el comportamiento controlador surge de formas más sofisticadas, como el perfeccionismo, no estar nunca satisfecho o mantener una vigilancia constante de la otra persona. Un cónyuge celoso puede exigir a su pareja que avise dónde está cada minuto del día. Pero, con la misma frecuencia, no hay un motivo evidente detrás de la necesidad de tener el control. Las raíces del comportamiento controlador pueden ser muy enredadas, pero la otra persona siente perfectamente cómo le afecta: se siente aprisionada, asfixiada e impuesta por la voluntad de otra persona.

TERMINAR EL JUEGO DE PASAR LA CULPA

En el juego de pasar la culpa, he intentado mostrar lo que se siente al actuar de una determinada manera en cada uno de estos comportamientos, pero también lo que se siente cuando eres el objeto del comportamiento, la persona que se siente victimizada.

Si te sorprendes actuando alguna de estas conductas, deja de hacerlo, haz una pausa y permítete volver a un estado de conciencia más equilibrado. Si te das cuenta de que otra persona está utilizando alguna de estas tácticas contra ti, niégate a entrar en el juego. Es fácil sentirse provocado y contraatacar, pero también es fácil decir: "Esto no me parece bien. Déjame tener unos momentos para mí". O si esas palabras te parecen incómodas, simplemente di: "Tiempo fuera". Si te encuentras en una situación laboral en la que ninguna de estas respuestas funciona, aprovecha la primera oportunidad que tengas para dejar ese empleo.

Si te encuentras atrapado con otra persona en el juego de pasar la culpa, no siempre surge una mejor intención. A menudo es imposible convertir un mal ambiente emocional en uno feliz. Si de repente notas que tus propias intenciones se desvían, es igualmente difícil convertir tus sentimientos negativos en positivos. No te impongas cargas indebidas. No depende de ti arreglar a la otra persona o mejorar una mala situación.

Sin embargo, siempre puedes responsabilizarte de tus propios sentimientos. Esto es lo contrario de transmitirlos. Decides conscientemente no adoptar las tácticas que no le hacen bien a nadie. Al hacerlo, le das a la inteligencia creativa espacio para operar. El cambio mental es consciente por tu parte, pero es la inteligencia creativa la que llega a las emociones que necesitas, que forman parte de los pensamientos que formulas y de las palabras que dices. Están integradas unas en otras. No puedes razonar la emoción correcta para una situación. Hay demasiadas interferencias del pasado que no te permiten tener una perspectiva clara. En cualquier caso, para cuando logras averiguar una emoción concreta, la espontaneidad de las emociones se ha perdido, y las emociones quieren ser espontáneas, por encima de todo.

La confianza es necesaria en todos los niveles simbolizados por los chakras y esto es cierto para el chakra del corazón. La sabiduría de las emociones es un descubrimiento formidable y te espera para cuando tengas la intención de descubrirla. Abre un espacio para la inteligencia creativa y descubrirás que sentir tu camino por la vida es una gran alegría, tal como siempre debió ser.

ACTIVAR EL CHAKRA DEL CORAZÓN

Este chakra fortalece todos los aspectos de la mente, pero especialmente la intuición, la perspicacia y la imaginación. Algunas cosas que puedes hacer se aplican a todos los chakras en general:

- Estar en conciencia simple. Cuando notes que no lo estás, tómate unos minutos para centrarte.
- Medita en el mantra *Yam* (página 115).
- Medita en el pensamiento para centrarte: "Yo soy amor" o "Yo irradio amor" (página 118).

Otros pasos están dirigidos más en específico para activar el chakra del corazón. Una vez que hayas contactado con esta semilla de una emoción amorosa o dichosa en tu conciencia, expándela en cualquier momento que desees, lo cual es el objeto de las siguientes meditaciones.

Realiza las dos meditaciones sentado a solas en una habitación tranquila y sin distracciones externas. Prepárate para la meditación cerrando los ojos, respirando profundo y centrándote.

MEDITACIÓN #1

Tómate un momento para recordar una experiencia de tu pasado que te haya aportado un sentimiento de pura alegría y felicidad. Puede ser un acontecimiento tan significativo como una boda o un nacimiento, pero no tiene por qué ser algo así. Quizá una puesta de sol sobre el mar o una pieza musical es algo que asocias con un sentimiento de éxtasis.

Revive la sensación visualizando la experiencia tan vívidamente como puedas. No fuerces los recuerdos, deja que aparezcan de forma natural. Mientras lo haces, fíjate en tu corazón, donde la alegría se siente físicamente. Pon tu atención en esta alegría del corazón y permanece sentado sintiéndola durante unos minutos, antes de abrir poco a poco los ojos. Mantén tu atención en el sentimiento de alegría hasta que se disipe por sí solo.

MEDITACIÓN #2

La conciencia de la dicha fluye desde el chakra corona hasta el corazón, donde se experimenta como calor, amor y alegría.

Es muy útil visualizarlo como un punto de luz brillante justo encima de la parte superior de tu cabeza. Sin forzarlo, observa que el punto de luz es cada vez más brillante. Cuando tengas una imagen clara de esto, permite que la luz fluya hacia abajo para que cubra gradualmente tu corazón.

Una luz azul o blanca suele ser la más eficaz. Si te resulta fácil, mira tu corazón hecho de luz. Permítete irradiar luz hacia el exterior. En esta meditación, la sensación de felicidad es como un efecto secundario de la luz. No tienes que alcanzarlo como un sentimiento por sí mismo.

CHAKRA 3
Acción poderosa

TERCER CHAKRA

Ubicación: Plexo solar

Tema: Acción poderosa

Cualidades deseables:

Salud física

Fuerza de voluntad

Determinación

Actividad exitosa

Para la mayoría, el verdadero poder personal parece algo imposible. Muchas personas sienten lo contrario: que tienen poco control sobre el camino por donde las lleva la vida. La prisa del cambio está en todas partes, y la vida moderna tiene complejidades que las generaciones anteriores jamás soñaron. En medio de la actividad humana, las fuerzas de la naturaleza actúan con indiferencia, como lo han hecho durante miles de millones de años. Esta imagen nos reduce a ti y a mí a meros puntos diminutos, cuya existencia no tiene ninguna consecuencia real en el esquema de las cosas.

El sistema de los chakras cambia toda esta imagen. Sitúa el poder personal en el esquema de la inteligencia creativa, cuyo poder es infinito. En la conciencia reside tu fuerza, una vez que te haces consciente de ella. El tercer chakra, que se encuentra a la altura del plexo solar, por encima del ombligo, se conoce como el chakra del poder. Su energía está asociada a la acción de todo tipo, incluida la motivación que la impulsa.

La inteligencia creativa conoce el camino hacia la conclusión exitosa del objetivo que se persigue. La acción exitosa es el modo en que el Yoga define el poder personal. Sentirse débil, solitario, aislado, insignificante y pequeño es irreal desde esta nueva perspectiva. Estos sentimientos son síntomas de la desconexión con tu fuente.

La conciencia de la dicha es más que una experiencia subjetiva: te conecta con el mundo. Los pensamientos, en especial los pensamientos intencionales fuertes, provocan que las cosas sucedan espontáneamente. Me sorprendería que ya creyeras en esta idea, pero la mejor manera de hacerlo es experimentar con tu actividad diaria cuando termines de leer este capítulo. Si el flujo de la inteligencia creativa realmente puede lograr cosas en el mundo "de ahí fuera", entonces estás siguiendo tu dicha en el llamado mundo real.

Sin duda, con frecuencia puedes sentirte impotente. Pero lo que estás experimentando durante los momentos de duda, miedo y debilidad es tu respuesta al mundo. Te sientes impotente porque tu respuesta es impotente. Si mantienes la misma respuesta, el mismo sentimiento persistirá. El tercer chakra puede liberarte para que seas un poderoso agente de cambio en tu vida, que se extienda a todos los que te rodean. La felicidad debería derramarse por el mundo, como la costumbre japonesa de la generosidad del anfitrión: el anfitrión llena el vaso de su invitado hasta que se desborde.

El tercer chakra es tu zona de poder, donde la intención y la realización se conectan en automático. Al dejar que la conciencia de felicidad se haga cargo de todo el proceso, eres libre de seguir tu propia visión, sabiendo que la inteligencia creativa está de tu lado. Aunque suene radical, nada es más seguro que alinear tu acción con tu visión.

ESTAR EN LA ZONA

Hay un conjunto específico de condiciones que te indican que estás actuando desde el chakra del poder. Son bien conocidas en las competencias deportivas, y quizá hayas oído hablar de estar "en la zona". Cuando un jugador de futbol está en la zona, cada pase se completa, no de forma ordinaria, sino como si ocurriera por sí mismo. Lo mismo sucede con un golfista que hace un hoyo en uno a una distancia de 45 metros. Todo el esfuerzo, la práctica, la tensión y la adrenalina que se agolpan en un deporte de competencia se desvanecen, para ser sustituidos por una serie de experiencias completamente diferentes.

Estar en la zona no es algo exclusivo del deporte, y nuestro objetivo en este libro es convertirlo en una experiencia normal. Seguramente has vislumbrado lo que se siente al estar en la zona sin llamarlo así. La experiencia tiene los siguientes elementos:

- Estás seguro de que tendrás éxito.
- Te sientes tranquilo por dentro, pero también muy despierto y alerta.
- Todos los obstáculos desaparecen.
- Sientes un hormigueo de energía en tu cuerpo.
- Experimentas la ligereza de ser.
- La acción parece suceder por sí misma.
- El tiempo se ralentiza o incluso parece detenerse.
- Te sientes despreocupado y alegre.

Estos elementos pueden parecer ajenos a la vida cotidiana, pero para la mayoría de nosotros se experimentan en una circunstancia especial: el enamoramiento. Un receptor abierto que atrapa un difícil pase largo en el futbol americano no se parece a un Romeo exaltado bajo el balcón de Julieta. Pero están unidos por la conciencia de la dicha. Estamos tan acostumbrados a separar el "aquí" y el "allá" que el éxtasis de un amante parece totalmente diferente al de un futbolista estrella que salta para atrapar el balón. Pero, en realidad, solo hay una zona de poder, tanto si la experimentamos "aquí dentro" como "allá afuera". Un amante enamorado ocupa la zona de la misma forma en que lo hace un atleta profesional.

Por desgracia, todo el mundo tiene más experiencia estando fuera de la zona. El hecho de que estemos tan acostumbrados a los obstáculos, los contratiempos y los fracasos es evidencia del bloqueo de la inteligencia creativa. Hay una desconexión entre lo que realmente quieres y lo que obtienes. Esto tiene que cambiar. Estar en la zona debe ser normal. Todo lo que se requiere es que el tercer chakra esté abierto, permitiendo que la inteligencia creativa fluya a través de él. Como veremos, el desbloqueo del tercer chakra se produce a través de un cambio de conciencia, que siempre es posible.

POSEER LA ZONA

Ahora ya sabes el cambio que necesitas hacer, permitiendo que la inteligencia creativa se haga cargo de cada acción. La acción es una categoría enorme: sea lo que sea que emprendas, siempre está presente la posibilidad de encontrar accidentes, errores, obstrucciones y consecuencias imprevistas. Pero el panorama cambia cuando te das cuenta de que la conciencia simple es todo lo que necesitas. Al permanecer en la conciencia simple, descubres cómo poseer la zona.

Ya estás familiarizado con lo que se siente en la conciencia simple; se caracteriza por la calma interior, el estado de alerta y la relajación. El truco está en permanecer en la conciencia simple mientras que, al mismo tiempo, atraviesas un día lleno de exigencias, deberes y distracciones. En la tradición del Yoga se valora mucho la capacidad de descansar con total confianza en la conciencia simple, mientras que en Occidente la conciencia simple casi no tiene lugar en la vida cotidiana.

En cambio, se nos dice constantemente que nos centremos en los factores externos. Si te ciñes a la perspectiva occidental, que es lo que hace un gran número de personas, la presión y el estrés se acumulan. Esto es inevitable porque alcanzar el éxito exige que se dispersen las energías en muchos frentes. ¿Realmente crees que puedes seguir el ritmo de todo lo siguiente?:

- Mantener una actitud positiva.
- Esforzarte por ser un ganador en lugar de un perdedor.
- Alimentar tu motivación y la de quienes te rodean.
- Aprovechar las oportunidades cuando surgen.
- Levantarte después de los contratiempos.
- No mostrar miedo ni temor.
- Mantener la moral y animar a las personas que te rodean.
- Cumplir con la exigencia del trabajo arduo y el esfuerzo.

Prestar atención a todas estas cosas es esencial para la mitología del éxito. Adoptando esta mitología como forma de vida, el éxito podría llegar, si no todo el tiempo, al menos parte de él. Pero hay un inconveniente importante. El enfoque occidental te saca de la zona y, una vez que esto pasa, está garantizado que te quedes fuera. Por definición, lanzarte de cabeza a la lucha por el éxito te mantiene en la lucha. En un juego en el que los jugadores están totalmente empeñados en ganar y perder, lo que resulta a la larga no es ni ganar ni perder, sino que lo más común es el cansancio y el agotamiento. Muchas personas están fatigadas y estresadas porque creen que ese es el precio que deben pagar por la oportunidad de tener éxito.

Es importante notar las señales de que no estás en la zona, incluyendo las siguientes:

- Te aburres en el trabajo o incluso lo odias.
- Sientes que tu vida no tiene rumbo.
- Estás abrumado por una sensación de inutilidad. Piensas: "¿Qué importancia tiene todo esto?".
- Lo que haces requiere un esfuerzo y una lucha agotadores, lo que mina tu energía.
- No estás seguro de cuál será tu próximo movimiento.
- Tu atención se desvía y te distraes con facilidad.
- Te das cuenta de que te esfuerzas demasiado.
- Te sientes nervioso y confundido sobre el resultado final.
- Experimentas resistencia y obstáculos.
- Detectas signos de estrés, como rigidez y tensión en el cuerpo.
- Te sientes mentalmente agobiado y ansioso.

Supongamos que estar fuera de la zona es la condición más común. Luchar contra los síntomas mencionados anteriormente no es el camino del Yoga. Como probablemente ya sabes, el Yoga solo enseña una necesidad: *dejar de estorbarte a ti mismo*. Estar en la conciencia simple para que la inteligencia creativa pueda tomar el control. Se trata de tres cosas: *ser testigo*, *desapegarse* y *no hacer*. Cada una de ellas es natural; solo tienes que prestarles atención y convertirlas en una parte significativa de tu actividad diaria.

(*Nota*. Para que tengas una experiencia personal de estos tres aspectos de la conciencia, consulta la meditación al final de este capítulo).

Ser testigo. Cuando eres testigo de tus acciones, estás en la posición de un observador. Sin darnos cuenta, todos ya somos observadores, pero de forma errática. No podemos evitar fijarnos en lo que hacemos, aunque la acción sea tan insignificante como ir al refrigerador, o tan importante como presidir una reunión de la junta directiva. El observador es una parte necesaria de la conciencia de uno mismo:

no se trata de ver físicamente con los ojos, sino de ser consciente de lo que se hace.

Sin embargo, casi siempre las personas se involucran en acciones habituales e inconscientes. Permanecen en piloto automático, repitiendo el mismo comportamiento de siempre, física, mental e incluso espiritualmente. El elemento de ser testigo se pierde de vista y, en su lugar, la acción mecánica toma el control. En cambio, cuando alguien está en la zona, se siente como si estuviera fuera de sí mismo, observando sus acciones como si viera una película o tuviera un sueño. En esencia, el testigo sustituye al ego.

Al ser testigo, la actividad por defecto del ego —gustar y no gustar, aceptar y rechazar— se desvanece. Entonces toma el relevo una fuerza más amplia, más profunda y más poderosa: la inteligencia creativa. Funciona desde una conciencia mucho más amplia que la que posee el ego. Sigues teniendo una intención, igual que antes, pero la tienes sin perder la conciencia de ti mismo. Como testigo, ves con perfecta claridad lo que estás haciendo. Es como estar absorto en una película y no prestar atención a nada más en la sala.

Desapego. Se experimenta como soltar. Cuando estás desapegado, pierdes la necesidad de forzar, luchar, empujar y hacer el máximo esfuerzo. Estas son tácticas del ego, porque el ego quiere lograr lo que quiere por cualquier medio. Cuando alguien está en la zona, realizando algo notable en circunstancias excepcionales (por ejemplo, una eliminatoria de campeonato o en la primera línea de batalla), informa después: "No fui yo quien lo hizo". En otras palabras, la persona es consciente de encontrarse en un estado en el que una fuerza innombrable ha tomado el control.

El ego no confía en el desapego y, como la sociedad es un conjunto de egos separados, ninguno de nosotros fue educado para valorarlo, sino todo lo contrario. En Occidente, el desapego se equipara con la pasividad, la indiferencia y el hecho de quedarse al margen mientras la vida pasa por delante de nuestros ojos. Lo que este punto de vista pasa por alto es que el desapego es totalmente necesario para seguir vivo y funcionando. Los fisiólogos dividen el sistema nervioso central en dos partes: el sistema nervioso voluntario y el involuntario. El sistema voluntario está bajo nuestro control consciente; el sistema involuntario funciona en automático, sin que nosotros lo elijamos. La cuestión de tener el control no se plantea y, como ocupantes de nuestro cuerpo, seríamos incapaces de asumirlo en cualquier caso. Un listado impreso de todas las funciones que ocurren en nuestro cuerpo en este momento tendría que ser kilométrico, suponiendo que la medicina moderna pudiera seguirlas todas.

Al no necesitar nuestra intervención, la inteligencia creativa se despliega en el cuerpo de forma milagrosa, y las funciones involuntarias de nuestro interior están encantadas (si pudieran hablar por sí mismas) de no tener que soportar nuestra intromisión. Por desgracia, nos entrometemos. Nos sometemos al estrés a diario, lo que provoca que el sistema nervioso involuntario experimente una sobrecarga. Al ser altamente adaptable, el cuerpo puede ajustarse a la sobrecarga, pero al final hay que pagar un precio, que se compone de los efectos duraderos del estrés, el envejecimiento y la aparición de enfermedades crónicas.

En estas áreas, los beneficios de la meditación son tan conocidos que apenas necesitan ser mencionados, pero vale la pena saber que el primer beneficio es para el sistema nervioso involuntario. En la meditación se experimenta una simple toma de conciencia y el cuerpo percibe un estado sin estrés. Este periodo de alivio y relajación permite que la respuesta de sanación comience a deshacer los efectos nocivos de la sobrecarga. Lo mismo sucede con el sistema nervioso voluntario. Al dar a la mente consciente un respiro de la actividad constante, se abre un espacio para que la inteligencia creativa entre en la situación y aporte claridad mental, atención enfocada, conciencia relajada, así como la apertura a nuevas respuestas y soluciones.

Una vez que comprendes el panorama completo, el desapego pierde sus connotaciones negativas. No eres indiferente y pasivo. Por el contrario, dejas de interferir para que la inteligencia creativa haga aquello para lo que está diseñada.

No hacer. Nos han enseñado que la vida consiste en hacer, así que de entrada el término no-hacer suena flojo y sospechoso, si no es que imposible de llevar a cabo. Si dejas de hacer, el único resultado es la inmovilidad y el estancamiento. Sin embargo, el no hacer en realidad es un camino para aumentar el éxito de las acciones que realizas. Hay que explicarlo.

Cuando estás en la zona, puedes lograr grandes cosas, pero esa no es la razón principal para estar ahí. La razón principal es volver a conectar con la conciencia de la dicha. Mientras permaneces conectado, la inteligencia creativa opera plenamente, permitiéndote que dejes de interferir en la vida. No sientes la necesidad de hacerlo: las cosas suceden por sí solas. Te encuentras tomando decisiones sin estrés, presión o exigencias. Hacer lo que te plazca te lleva al resultado más fructífero y exitoso.

Como puedes imaginar, tu ego no quiere saber nada de esto. Lanzará señales de alarma por todas partes: *¿Cómo es posible que sobrevivas, y mucho más que tengas éxito, si solo te haces a un lado y confías en esa llamada inteligencia creativa, que podría ser una ficción de una imaginación mística?* La objeción del ego suena razonable, pero solo porque ve la vida desde su propia y estrecha perspectiva. Está privado de la conciencia simple, ya que la vida en el nivel del ego gira en torno a: "¿Y yo qué gano con eso?". Hay una preocupación constante por los deseos y las necesidades, aunque sean imaginarias.

La conciencia simple no funciona así. El ser testigo, el desapego y el no hacer no son una agenda; no te propones alcanzarlos. Son aspectos de la conciencia simple. Existen en ti como parte de "Yo soy suficiente". Para comprender esto plenamente necesitas la experiencia del no hacer para saber que es parte de ti, al igual que necesitas experimentar el desapego y el ser testigo. Aquí es donde entra el camino de la conciencia de ti mismo, para reconectarte con lo que realmente eres.

ENCONTRAR EL CAMINO

El ego tiene el egoísmo de su lado, que es un poderoso motivador. Pero nada de lo que logre tu ego te permitirá estar en la zona. Sin embargo, no se puede culpar a la gente por seguir la guía del ego. Una pequeña voz dentro de ti puede susurrar que hay que encontrar un mejor camino, pero este mejor camino no aparece por arte de magia. Un viaje de vida basado en "no soy suficiente" termina con una promesa incumplida, sin importar lo bien que hayas vivido.

Hace poco me encontré con un ejemplo conmovedor de esta lección. En un pequeño pueblo austriaco a unos 30 kilómetros de Viena, la viuda de un magistrado local estaba sentada sola en su casa vacía. Se llamaba Marianne Berchtold y nació en 1751, en una familia de músicos. Desde hacía años, la anciana Marianne, conocida en su infancia como Nannerl, tenía una salud deteriorada. En 1829, un visitante la describió como "ciega, lánguida, agotada, débil y casi sin habla".

Si eres aficionado a la música, sabrás que Mozart tenía una hermana mayor apodada Nannerl, y que la solitaria Frau Berchtold era ella. Ella pertenecía al dúo de niños prodigio más famoso de la historia de la música porque, por algún milagro, la familia Mozart produjo dos prodigios. A los ocho años, Nannerl era una pianista de exquisito talento. Habría sido considerada notable, capaz de superar a muchos adultos en el teclado, excepto que Wolfgang era una maravilla aún mayor.

A los cuatro años, Wolfgang empezó a tocar todas las piezas que Nannerl podía tocar, pero además empezó a componer a los cinco años y podía improvisar con cualquier melodía que se le entregara. Podía memorizar piezas largas con solo ver las partituras y cuando su padre, Leopold, los llevaba de gira, a Wolfgang le encantaba hacer un truco. Alguien cubría el teclado de un piano o un clavicordio con una tela, y el niño prodigio tocaba perfecto bajo la tela sin ver el teclado.

Es difícil relacionar a la ciega y casi muda Marianne con una niña que, como intérprete, había sido casi igual a Mozart. Los reyes y reinas de Europa la admiraban y recibió cientos de fastuosos regalos de todas las casas nobles ante las que tocaban los niños Mozart. Nannerl y Wolfgang mantuvieron una relación afectiva, aunque al parecer perdieron el contacto antes de la trágica muerte temprana de él, a los 35 años, en 1786. Ella sobrevivió a su hermano por casi 40 años, pero no realizó presentaciones después de su infancia.

Por muy extraordinarias que fueran sus circunstancias, ella acabó desaprovechando sus dones y quedó presa de la limitación. Si pudiéramos trasladar a Nannerl Mozart a nuestra época, las peores circunstancias mejorarían drásticamente. En la Viena del siglo XVIII, las mujeres no podían ser músicos profesionales. Hoy Nannerl podría haber hecho una carrera. La sociedad le daría otras opciones, más allá de obedecer a su padre y quedar atada a un pequeño magistrado en la más absoluta oscuridad. Lo mejor de todo es que podría haber tenido una vejez cómoda, quizá libre de ceguera si tuviera cataratas o glaucoma, las dos causas más comunes de pérdida de visión que hoy son tratables. (Todavía no se sabe cómo murió Mozart, pero la mejor conjetura es que falleció por fiebre reumática, que ahora se puede curar con antibióticos).

Una vez que mejores todas estas circunstancias angustiantes, el camino de la conciencia de ti mismo estaría tan oculto hoy como lo estaba en el siglo XVIII. El talento musical es un don de la inteligencia creativa, pero no cambia el estado de conciencia de la persona. Si tuvieras una varita mágica y pudieras alejar todos los males externos, no liberarías a alguien que está atrapado en prisiones creadas por la mente.

Liberarte de la prisión creada por la mente depende de ti. Elevarte por encima del "no soy suficiente" es tu primer y más importante proyecto. Los hijos de Mozart tuvieron la suerte de que sus ricos mecenas los colmaran de oro. Tu suerte radica en que, sin importar lo bien o mal que te haya tratado la vida, el camino oculto nunca te fue negado. En toda su pureza, sigue siendo tan accesible como siempre.

El Yoga ofrece una visión universal de la condición humana al abrir todas las posibilidades. El camino oculto se activa cuando sigues una visión al ser consciente de hacia dónde quieres ir. He aquí cómo es la visión del Yoga, expresada en palabras que se aplican a todo el mundo.

UNA VISIÓN CON LA QUE PUEDES VIVIR

- La verdadera medida del éxito es la alegría.
- Estar en la zona es normal.
- El despertar es un proceso constante.
- Tu realidad se crea en tu conciencia.
- La vida es un campo de infinitas posibilidades.
- Cada día debería traer más satisfacción.
- El esfuerzo y la lucha son innecesarios.
- Hay un camino para salir del dolor y el sufrimiento.

La mayoría de estos axiomas me son familiares, porque los he aplicado conforme cada chakra muestra una nueva transformación de la conciencia de la dicha. Ahora hemos llegado al nivel de la acción, que lleva la dicha al mundo cotidiano de la familia, los amigos, el trabajo y las relaciones. No importa cuántas exigencias te imponga el mundo "ahí afuera", puedes vivir según tu visión. Permíteme convertir la visión en algo práctico para que a partir de ahora tomes decisiones claras.

EVOLUCIONAR CADA DÍA

No es ningún secreto que la vida es dinámica: todos nos vemos sacudidos por el cambio. En sí mismo, el cambio no tiene sentido. Una roca a la intemperie acabará convertida en polvo debido al efecto del viento y la lluvia sobre ella. Tuvieron que pasar unos 2 000 millones de años para que los elementos básicos de una roca, junto con los elementos del viento y el agua, encontraran una forma de evolucionar más allá del caos. La solución es lo que llamamos vida, porque los seres vivos utilizan la materia prima del planeta Tierra para evolucionar. La evolución es el impulso que vence al caos.

Esto era cierto hace miles de millones de años y sigue siéndolo ahora, pero a un nivel mucho más alto. Los seres humanos podemos evolucionar conscientemente. No importa cuántos artilugios maravillosos inventemos y cuántos descubrimientos increíbles hagamos: aunque significan progreso, toda evolución comienza en la conciencia. Todo se reduce a la evolución personal y a la elección de evolucionar cada día.

Puedes evolucionar hoy haciendo elecciones que superen el desorden, el caos y la disfunción. He aquí algunos ejemplos:

- Toma una medida para reducir el estrés en casa o en el trabajo.
- Haz que tu entorno inmediato sea tranquilo y ordenado.
- Deja de hacer una cosa que sabes que no es buena para ti.
- Empieza a hacer una cosa que sepas que es buena para ti.
- Da prioridad a tu vida interior.
- Encuentra una fuente de inspiración.
- Aumenta tu contacto con alguien que te estimule.
- Disminuye tu contacto con alguien que te desanime o te maltrate.
- Ayuda a estimular a otra persona.

INVERTIR LA ENTROPÍA

La vida está destinada a fluir suavemente, sin luchas ni resistencias. Cuando te encuentras con luchas y resistencias, la energía se drena. En física, esto se conoce como entropía. Si no tomas decisiones que mantengan tu energía fresca y renovada, estás cediendo a la entropía. Todos sabemos lo que se siente cuando una situación o una persona nos agota a nivel emocional. Sin embargo, el drenaje de energía va más allá de las relaciones de alto mantenimiento. Va más allá de un día ajetreado que te hace sentir cansado y agotado.

El verdadero daño es que la entropía es lo contrario de la evolución. No puedes evolucionar cuando te preocupas por mantener a raya el desorden y el caos, cuando luchas por pasar el día sin agotarte y cuando el estrés es constante, aunque sea de bajo nivel. En física, la entropía se aplica principalmente a la tendencia de la Naturaleza a dispersarse y alcanzar un nivel uniforme, pero en los asuntos humanos queremos tener energía renovada cada día a nivel mental, emocional y físico.

Para reducir la entropía y fomentar la renovación, he aquí algunas sugerencias:

- Mantén tu carga de trabajo dentro de tu zona de confort.
- Tómate tiempo para estirarte y moverte cada hora.
- No realices ninguna actividad hasta el punto de sentirte cansado.
- Siéntate y relájate brevemente varias veces al día.
- No dependas del café u otros estimulantes.
- Concéntrate en dormir lo suficiente para sentirte renovado por la mañana.
- Evita las situaciones que puedan terminar en discusiones.
- Pide a todos los miembros de la familia que compartan las tareas. No te martirices asumiendo la responsabilidad de cosas que otra persona debería hacer.
- Interrumpe cualquier actividad que te resulte aburrida, rutinaria u obsoleta. Lo ideal es minimizar esas actividades en la medida de lo posible.
- Tómate en serio la reducción del estrés.
- Evita a las personas que te hacen sentir agotado.

MANTENERTE CERCA DE LA FUENTE

Al emprender cualquier actividad, la inteligencia creativa fluye hacia ella. La inteligencia creativa es más fuerte en la fuente, por lo que tus acciones —sean las que sean— deben mantenerte cerca de la fuente. Siempre que estés profundamente absorto en algo, es una señal de que estás cerca de la fuente.

La actividad creativa te mantiene cerca de la fuente, al igual que la meditación. La actividad cerebral es muy similar en ambos casos.

Siempre que te sientas dichoso, elevado, alegre u optimista, es otra señal. Valora este estado de conciencia y permanece en él. La mente activa es sensible —cualquier distracción tenderá a interrumpir el estado de concentración tranquila, pero intensa, de estar cerca de la fuente—. Tu objetivo debe ser experimentar la cercanía a la fuente todos los días.

Aquí tienes algunas sugerencias para guiarte:

- Concéntrate en una cosa a la vez. No intentes hacer varias cosas al mismo tiempo.
- Si notas que pierdes la concentración, haz una pausa y descansa unos minutos con los ojos cerrados.
- Tómate tiempo para hacer algo creativo cada día.
- Reflexiona sobre lo que realmente te alegra y dedica tiempo a ello.
- Practica con regularidad la meditación o el yoga.
- Tómate tiempo para absorber la belleza de la naturaleza.
- Pide a los demás que te dejen tiempo libre durante una parte del día para poder dedicarte a una actividad concreta.
- Apaga tu teléfono celular durante al menos media hora al día. Mantenlo apagado durante la actividad centrada o creativa.
- No dependas de actividades que vuelven tu mente perezosa y pasiva, como ver la televisión recostado el sofá.

EXPANDIR TUS POSIBILIDADES

En tu origen está el campo de las posibilidades infinitas. Los seres humanos disfrutamos de una existencia abierta porque las posibilidades de la vida nunca se agotan. Pero hay fuertes presiones, tanto internas como externas, que limitan mucho las posibilidades que alguien puede experimentar. La presión para conformarse, el deseo de no ser un extraño, los sentimientos reprimidos y el pensamiento del grupo ejercen una influencia inhibidora. Es posible que una persona promedio no componga 40 piezas musicales al año como lo hizo Franz Schubert (a un ritmo casi dos veces mayor que el de Mozart), o que no iguale el total de 1 093 patentes de Thomas Edison, y mucho menos que escriba más de 2 000 obras publicadas, como hicieron Voltaire y otra docena de escritores de la historia. Pero la inteligencia creativa existe para ampliar, explorar, conocer y descubrir. Esto es diferente de la obsesión, que depende de la repetición, conduce al agotamiento y carece de la sensación de disfrute. Ampliar tus posibilidades cada día aporta vitalidad a tu vida; la dirección que tomes depende de ti.

Aquí tienes algunas sugerencias para guiarte:

- Emprende un proyecto desafiante a largo plazo, como aprender un idioma extranjero.
- Exponte a ideas desafiantes.
- Participa en una actividad que amplíe tus límites, como el trabajo comunitario o de caridad.
- Realiza un trabajo voluntario que te ponga en contacto con personas diferentes a ti en cuanto a raza, educación o clase social, por ejemplo.
- Proponte obtener un título universitario o de estudios avanzados.
- Escucha un pódcast o asiste a una conferencia que plante la semilla de un nuevo interés.
- Aleja las conversaciones de los chismes o del intercambio de opiniones ociosas, y plantea un tema real de discusión.

- Encuentra un confidente con el que puedas compartir tus pensamientos y sentimientos más profundos.
- Conviértete en mentor.

Como puedes ver, tener una visión —y llevarla a cabo cada día— es el mayor y el mejor uso de la actividad. Mantiene vivo el flujo de la inteligencia creativa. Al observar a los animales desde fuera, no podemos saber si experimentan la vida como algo vibrante y alegre. A su vez, ellos no pueden decir cómo los humanos nos distinguimos por nuestra existencia abierta. Sin embargo, es cierto que estamos diseñados para experimentar la existencia como algo constantemente, dinámico y evolutivo. El crecimiento personal es una posibilidad exclusivamente humana. Aprovecha esta posibilidad cada día y estarás en la zona, potenciado por la inteligencia creativa como tu forma normal de ser.

ACTIVAR EL CHAKRA DEL PLEXO SOLAR

Este chakra potencia todos los aspectos de la acción, pero especialmente la conexión entre la intención y el resultado. Algunas cosas que puedes hacer se aplican a todos los chakras en general:

- Estar en conciencia simple. Cuando notes que no lo estás, tómate unos minutos para centrarte.
- Medita en el mantra *Ram* (página 115).
- Medita en el pensamiento para centrarte: "Yo estoy en mi poder" o "Yo soy el empoderamiento" (página 118).

Otros pasos están dirigidos más específicamente a activar tu chakra de poder. El Yoga es muy explícito acerca de cómo un deseo se vuelve realidad en el nivel de la intención. Evitas el estado de deseo interminable del ego, que está preocupado por repetir experiencias agradables del pasado. Estas burbujas surgen todo el tiempo y bloquean tu visión de la conciencia más profunda.

Por debajo del diálogo mental interno, tener una intención puede conectarse con el cumplimiento de la misma: según el Yoga, lo haces a través de una habilidad conocida como *Samyama*. Este es el término sánscrito para "sostener" o "atar". En este caso, se trata de mantener unida una intención y el resultado que se obtiene. Samyama implica tres ingredientes fusionados en uno. Los tres existen en tu proceso de pensamiento normal sin que tengan mucho poder. El poder proviene de la profundización del proceso.

Cuando se profundiza más allá de la actividad superficial de la mente, se conoce como *Samadhi*.
Cuando tienes una fuerte intención en la mente, se conoce como *Dharana*.
Cuando te mantienes concentrado y esperas lo que suceda, se conoce como *Dhyana*.

Dejando a un lado los términos sánscritos, lo importante es que Samyama es tan natural como tu pensamiento y deseo cotidianos. Si tocas el violonchelo o puedes hacer un suflé de chocolate perfecto, vas al nivel de conciencia donde existe esta habilidad, te mantienes ahí con la atención enfocada, y especificas lo que quieres lograr.

Ser hábil en Samyama se desarrolla naturalmente a partir de la conciencia simple conforme más se practica, y puedes profundizar en ello a través de la meditación con mantras. Es el Samadhi, el nivel de conciencia que puedes alcanzar, el que quizá presenta el mayor desafío. No puedes tan solo decirte a ti mismo: "Quiero profundizar". No basta con decir las palabras. No hay ninguna experiencia sorprendente hasta que el Samadhi se hace tan profundo en tu conciencia que el tiempo y el ego se desvanecen, colocándote muy cerca del silencio eterno en la base misma de la conciencia.

Puedes mejorar en el Samyama siguiendo algunos consejos:

- Encuentra tiempo una o dos veces al día para realizar una meditación con mantras que dure entre 15 y 20 minutos.
- Al final de una meditación satisfactoria, visualiza conscientemente algo que te gustaría que ocurriera. A continuación, pon atención en cómo puede funcionar esta intención.
- Cuando experimentes un momento de tranquilidad mental en medio de una actividad, aférrate a él, en lugar de dejarlo pasar.
- Cuando algo bueno te llegue sin esfuerzo por tu parte, date cuenta de ello y di en silencio: "Esto está

funcionando", refiriéndote al camino de la conciencia de ti mismo.

- No te compliques si tienes éxito o si sufres contratiempos. La carga no recae sobre ti. La inteligencia creativa está trabajando a través de ti lo mejor que puede.
- No estés tan ansioso por perseguir las demandas y deseos de tu ego. Tómate un tiempo de descanso cada día. Aprecia el mundo natural. Instálate en tu interior siempre que tengas un momento libre para disfrutar de la experiencia.

CHAKRA 2
El camino del deseo

SEGUNDO CHAKRA

Ubicación: Parte baja de la espalda (sacro)

Tema: El deseo cumplido

Cualidades deseables:

Cinco sentidos

Deseos físicos

Sensualidad, sexualidad

Hay muchos caminos en la vida, pero sin importar el camino que tomes, es un camino de deseo. El deseo nos motiva a perseguir lo que queremos. Incluso si eres un asceta, cuyo objetivo es renunciar a todos los deseos mundanos, esa meta —la renuncia para obtener una paz interior total— es algo que deseas. Estás siguiendo un deseo con la misma certeza que un niño pequeño busca un dulce. Ninguna motivación es más fuerte o más persistente que el deseo.

El deseo también ocupa un lugar importante en el sistema de chakras. La realización del deseo es el propósito del segundo chakra, que se encuentra en la parte baja de la espalda o el sacro. Aquí la conciencia de la dicha se transforma en los cinco sentidos, junto con el placer sensual y sexual. Una enseñanza básica del Yoga afirma que el deseo está arraigado en los sentidos. No hace falta decírselo a nadie. Nos pasamos el día mirando, escuchando, tocando, probando y oliendo. Lo que los sentidos encuentran atractivo nos acerca a una persona, objeto o actividad. Lo que los sentidos consideran poco atractivo suele ser una señal para ir en la dirección contraria.

El ego obtiene su poder del deseo. "Quiero esto" y "No quiero aquello" mantienen la vida en el nivel del ego. Sin embargo, si te liberas de la agenda del ego, el deseo cambia su propósito. En lugar de potenciar el yo separado y aislado, el deseo se convierte en felicidad. La trayectoria de tus deseos sería así:

Impulso dichoso ⟶ *Acción dichosa* ⟶ *Resultado dichoso*

Cuando el principio y el final de un proceso se funden, tienes el Yoga, o la unión. No hay nada exótico ni místico en esto. Una madre quiere acunar a su bebé recién nacido, lo carga y empieza a mecerlo en sus brazos. La experiencia comienza con un impulso dichoso, procede a una acción dichosa y conduce a un resultado dichoso.

Ahora mismo, el camino del deseo en la vida de casi todos está dictado por el ego, con sus interminables deseos, necesidades, impulsividad y ansias. En lugar de la dicha, la experiencia comienza con la carencia: "No tengo lo que quiero". Cuando el deseo se basa en la conciencia de la dicha, lo que te motiva es desear la expansión de la dicha. Por eso, "Sigue tu dicha" no está escrito como "Sigue tu próximo antojo".

DESEOS DE DICHA

Las cosas que favorezcas en tu vida crecerán, y lo que ignores se marchitará. Tienes la opción de favorecer cualquier impulso, lo que significa que puedes fomentar tus deseos dichosos. No tienes que forzar o controlar el proceso. Lo único que necesitas es un simple cambio de atención. Estás expresando un impulso de felicidad cada vez que:

Muestras tu amor y afecto.

Ofreces aprecio a otra persona.

Alivias el dolor y el sufrimiento de otra persona.

Actúas desinteresadamente, dando con generosidad.

Buscas el conocimiento.

Haces lo correcto.

Expresas tu verdad.

Cuidas a un niño.

Ofreces esperanza y ánimo.

Te inspiras a ti mismo y a quienes te rodean.

Al favorecer estos deseos, te alineas con el flujo de la inteligencia creativa. En el lenguaje común, hablamos de actos "desinteresados", pero es imposible eliminar el yo, y no querrías hacerlo. El yo es tu vía de crecimiento personal. Los deseos dichosos deberían llamarse "sin ego", porque con ellos te estás alejando de la agenda del ego. Si siguieras los deseos de tu ego todo el tiempo, no te importaría nadie más. Ignorarías a los necesitados; no sentirías ningún deseo de proteger a los débiles, ayudar a los que sufren o consolar a alguien en momentos de angustia.

Por fortuna, existe otra dimensión del deseo que incluye a otras personas, la bondad y la compasión. Al favorecer esos impulsos, escaparás de la inseguridad y la necesidad del ego. No hay nada que sustituya la experiencia de la dicha y de permitir que esta te guíe en tu crecimiento personal.

NECESIDAD *VERSUS* DESEO

Por supuesto, no todos los deseos, anhelos y sueños se hacen realidad. La mayoría de las veces, tu decepción parece que está fuera de tu control. Quieres un trabajo pero no lo obtienes; corres una carrera y no llegas primero; anhelas la pareja romántica ideal, pero esta no aparece. El número de veces que no conseguimos lo que queremos se nos queda grabado en la memoria e influye mucho en cómo abordamos todo el tema del deseo.

En la tradición del Yoga no se te puede negar nada si tu deseo está respaldado por el dharma. ¿Qué hay de malo en simplemente desear lo que quieres? Desear lo que quieres tal vez no coincide con lo que necesitas, y el dharma apoya todo lo que necesitas, no todos los deseos que revolotean por tu mente. Además, el sencillo acto de desear algo la mayoría de las veces es superficial, un parpadeo de deseo mezclado con el zumbido constante de la actividad mental.

Esta explicación no es una forma astuta de justificar los deseos insatisfechos. Si quieres algo pero no lo consigues, nadie —ni siquiera un yogui o gurú avanzado— tiene derecho a decirte que has atravesado el proceso de forma equivocada y que, por tanto, el fracaso es tu culpa. Cuando estás en la conciencia simple, menos deseos sin sentido flotan en tu mente. Debido a que estás alineado con la inteligencia creativa, es mucho más probable que tus intenciones aborden una necesidad real. Estos deseos son los que tienen más posibilidades de hacerse realidad.

Las señales de alarma pueden aparecer en este punto. Cuando éramos niños, nos acostumbramos a decir "quiero" como un hábito repetido, lo que provocaba que nuestros padres fruncieran el ceño y respondieran: "Eso no es algo que realmente necesites". De este modo, *necesidad* se convirtió en una palabra que lucha contra el deseo. Sin embargo, limitarse a lo estrictamente necesario no es la forma de tener una buena vida (aunque, estrictamente hablando, nadie necesita nada más que unas cuantas prendas útiles, una dieta nutritiva básica y un techo).

Hay que reformular la necesidad para superar esta connotación negativa. Las necesidades mínimas evocan la escasez, en lugar de abundancia. Además, la mayoría de la gente piensa en términos de necesidades materiales, cuando la necesidad de amor de un niño es auténtica y no desaparece en la edad adulta. Las necesidades emocionales y psicológicas son las que más se pasan por alto y de las que más se abusa en nuestra sociedad. En el Yoga, una necesidad puede definirse como cualquier cosa que te ayude a experimentar la felicidad y a promover el crecimiento interior, o la evolución.

Como chakra del deseo, el segundo chakra trae la satisfacción de la abundancia, no solo de las necesidades básicas. La abundancia se derrama como la generosa Providencia en el Nuevo Testamento. Sin embargo, conseguir todo lo que deseas es una fantasía infantil. Los deseos se cumplen con base en lo que el Óctuple Sendero del Budismo llama "*mindfulness* correcto". Si desglosamos esta frase, la atención plena consiste en estar presente y vivir el momento. La palabra *correcto* indica que debes permanecer consciente del dharma, es decir, el flujo de inteligencia creativa que trae lo que necesitas.

Idealmente, no hay nada más que hacer, pero esto es cierto solo cuando tu viaje ha llegado a la iluminación, donde la conciencia simple es tu estado constante. Mientras tanto, puedes mejorar tus resultados separando los deseos de las necesidades. Ambas se traslapan a menudo, lo cual es natural. Cuando piensas: "Realmente necesito unas vacaciones", también estás expresando un deseo. Pero si estás convenciendo a alguien para que haga lo que tú quieres, diciendo: "Realmente necesito que hagas esto por mí", es probable que sea lo que tú quieres, no lo que realmente necesitas. Por supuesto, hay muchas maneras de necesitar a los amigos, pero manipularlos es cruzar la línea. La inteligencia creativa resuelve la situación mejor de lo que podría hacerlo la mente pensante.

Tienes que experimentar esto por ti mismo antes de que se convierta en tu verdad. El siguiente cuestionario te ayudará a ver cómo estás con respecto a las necesidades que se apoyan en el segundo chakra.

CUESTIONARIO
¿En qué medida satisfaces tus necesidades?

Todo el mundo cuenta con el apoyo de la inteligencia creativa. La única diferencia es la cantidad de apoyo que realmente estás recibiendo. Esta es la cuestión crítica. La conciencia de la dicha tiene como objetivo apoyarte al cien por ciento. A medida que aprendes a estar cada vez más en la conciencia simple, tu apoyo aumentará constantemente.

Vale la pena ver en qué situación te encuentras ahora. Para cada uno de los puntos que se enumeran a continuación, se preguntan dos cosas:

- *¿Qué importancia tiene esta necesidad para ti?*
  Responde en una escala del 1 al 10, donde 1 = Nada importante y 10 = Muy importante.
- *¿En qué medida satisfaces esta necesidad?*
  Responde "Mal", "Regular", "Bien" o "Muy bien".

Piensa en este cuestionario como una evaluación personal, no como un examen. No hay respuestas correctas para todos, ya que evaluamos nuestras necesidades de forma bastante personal.

PARTE 1: NECESIDADES VITALES

Esta sección trata de las siete necesidades más importantes que surgen en la vida de todas las personas.

1. Necesito sentirme seguro y protegido.

¿Qué importancia tiene esta necesidad para ti, del 1 al 10?

¿En qué medida satisfaces esta necesidad?

Mal ☐   Regular ☐   Bien ☐   Muy bien ☐

2. Necesito tener algún éxito y logro del que pueda estar orgulloso.

¿Qué importancia tiene esta necesidad para ti, del 1 al 10?

¿En qué medida satisfaces esta necesidad?

Mal ☐   Regular ☐   Bien ☐   Muy bien ☐

3. Necesito tener una familia u otro sistema de apoyo cercano.

¿Qué importancia tiene esta necesidad para ti, del 1 al 10?

¿En qué medida satisfaces esta necesidad?

Mal ☐   Regular ☐   Bien ☐   Muy bien ☐

4. Necesito ser aceptado y comprendido.

¿Qué importancia tiene esta necesidad para ti, del 1 al 10?

¿En qué medida satisfaces esta necesidad?

Mal ☐   Regular ☐   Bien ☐   Muy bien ☐

5. Necesito una salida creativa.

¿Qué importancia tiene esta necesidad para ti, del 1 al 10?

¿En qué medida satisfaces esta necesidad?

Mal ☐   Regular ☐   Bien ☐   Muy bien ☐

6. Necesito creer en algo más grande que yo mismo: un sistema de valores superior, una fe o tradición espiritual.

¿Qué importancia tiene esta necesidad para ti, del 1 al 10?

¿En qué medida satisfaces esta necesidad?

Mal ☐   Regular ☐   Bien ☐   Muy bien ☐

7. Necesito estar en el viaje hacia la conciencia superior y el crecimiento personal.

¿Qué importancia tiene esta necesidad para ti, del 1 al 10?

¿En qué medida satisfaces esta necesidad?

Mal ☐   Regular ☐   Bien ☐   Muy bien ☐

PARTE 2: NECESIDADES DE RELACIÓN

Estas son las necesidades que forman parte de una relación satisfactoria. (Puedes responder basándote en tus experiencias, incluso si no estás en una relación ahora mismo).

8. Necesito sentirme deseado por mi pareja.

¿Qué importancia tiene esta necesidad para ti, del 1 al 10?

¿En qué medida satisfaces esta necesidad?

Mal ☐   Regular ☐   Bien ☐   Muy bien ☐

9. Necesito sentirme seguro con mi pareja.

¿Qué importancia tiene esta necesidad para ti, del 1 al 10?

¿En qué medida satisfaces esta necesidad?

Mal ☐   Regular ☐   Bien ☐   Muy bien ☐

10. Necesito confiar en mi pareja y que confíe en mí.

¿Qué importancia tiene esta necesidad para ti, del 1 al 10?

¿En qué medida satisfaces esta necesidad?

Mal ☐   Regular ☐   Bien ☐   Muy bien ☐

11. Necesito tener calor y afecto.

¿Qué importancia tiene esta necesidad para ti, del 1 al 10?

¿En qué medida satisfaces esta necesidad?

Mal ☐   Regular ☐   Bien ☐   Muy bien ☐

12. Necesito tener una vida sexual satisfactoria.

¿Qué importancia tiene esta necesidad para ti, del 1 al 10?

¿En qué medida satisfaces esta necesidad?

Mal ☐ Regular ☐ Bien ☐ Muy bien ☐

13. Necesito sentir respeto por mi pareja y ser respetado.

¿Qué importancia tiene esta necesidad para ti, del 1 al 10?

¿En qué medida satisfaces esta necesidad?

Mal ☐ Regular ☐ Bien ☐ Muy bien ☐

14. Necesito un contacto físico cercano.

¿Qué importancia tiene esta necesidad para ti, del 1 al 10?

¿En qué medida satisfaces esta necesidad?

Mal ☐ Regular ☐ Bien ☐ Muy bien ☐

15. Necesito tener mi propio espacio siempre que lo pida.

¿Qué importancia tiene esta necesidad para ti, del 1 al 10?

¿En qué medida satisfaces esta necesidad?

Mal ☐ Regular ☐ Bien ☐ Muy bien ☐

16. Necesito la libertad de seguir mi propio camino.

¿Qué importancia tiene esta necesidad para ti, del 1 al 10?

¿En qué medida satisfaces esta necesidad?

Mal ☐ Regular ☐ Bien ☐ Muy bien ☐

17. Necesito que los niños se sientan queridos por mí y por mi pareja.

¿Qué importancia tiene esta necesidad para ti, del 1 al 10?

¿En qué medida satisfaces esta necesidad?

Mal ☐ Regular ☐ Bien ☐ Muy bien ☐

18. Necesito que mi pareja tenga éxito.

¿Qué importancia tiene esta necesidad para ti, del 1 al 10?

¿En qué medida satisfaces esta necesidad?

Mal ☐ Regular ☐ Bien ☐ Muy bien ☐

19. Necesito que mis hijos me hagan sentir orgulloso.

¿Qué importancia tiene esta necesidad para ti, del 1 al 10?

¿En qué medida satisfaces esta necesidad?

Mal ☐ Regular ☐ Bien ☐ Muy bien ☐

20. Necesito sentir que soy la persona más importante en la vida de mi pareja.

¿Qué importancia tiene esta necesidad para ti, del 1 al 10?

¿En qué medida satisfaces esta necesidad?

Mal ☐ Regular ☐ Bien ☐ Muy bien ☐

EVALUACIÓN DE LOS RESULTADOS

Si en su mayoría tus respuestas son "Muy bien", disfrutas de un muy buen apoyo a tus necesidades. Estás alineado con el flujo de la inteligencia creativa, aunque todavía no pienses en esos términos. Tu vida cotidiana se caracteriza por la claridad de tus intenciones, la falta de dudas sobre ti mismo y la capacidad de saber lo que realmente valoras.

Esto no es lo mismo que calificar alto en cada necesidad (de 7 a 10). Te conoces lo bastante bien como para dar una puntuación baja a las cosas que no te importan demasiado. Sin embargo, hay espacio para la reflexión. Fíjate en las necesidades que no te parecen importantes y pregúntate si hay algún aspecto de tu vida, como la búsqueda de una perspectiva creativa o la necesidad de calor y afecto, en el que deberías fijarte más.

Si la mayoría de tus respuestas son promedio ("Regular"), tus necesidades se están cumpliendo a veces. Tal vez has renunciado a ciertas cosas, pero el problema general es que tienes pocas expectativas. Para ti, lo fundamental es sentir que mereces algo más y mejor. Al tener esa intención puedes dar pasos, aunque sean pequeños, para obtener más de la vida. Empieza por cosas que no sean amenazantes, como encontrar una salida creativa. Si tu valoración de las necesidades de tu relación es justa, siéntate con tu pareja y muéstrale tus respuestas. También ayuda que tu pareja haga el cuestionario para que tengan una base compartida y se den cuenta del punto en el que se encuentra su relación.

Si las respuestas al cuestionario son sistemáticamente bajas ("Mal"), tus necesidades no están siendo satisfechas como deberían. Esto puede deberse a muchas razones, como la inseguridad, una relación insatisfactoria o la lucha por satisfacer las necesidades básicas. Para ti, la mejor manera de avanzar es sentarte con alguien en quien confíes y a quien admires, y repasar juntos tus respuestas. Tienes que empezar a sentirte más apoyado en tu vida. Este puede ser un camino difícil, pero en el nivel de la inteligencia creativa tienes acceso a un apoyo en tu interior con el que puedes contar. En este momento, tal vez no lo sientas como algo muy real. Simplemente toma una o dos necesidades en las que ya lo estás haciendo bien y establece la intención de que mejoren aún más. Lo esencial es que necesitas encontrarte a ti mismo en un nivel de conciencia más profundo, donde se encuentran las respuestas y las soluciones. Ahora mismo tal vez te encuentres en el nivel de la preocupación, la confusión y la duda. El estado de conciencia simple puede darte una forma de escapar de este nivel para encontrar la calma y la paz interior.

¿PLACER O DICHA?

Como dije anteriormente, el segundo chakra es la sede de los cinco sentidos. No hay duda de que los cinco sentidos nos proporcionan placer. ¿Quién no quiere ver cosas bonitas, escuchar música agradable y saborear una buena comida? La otra cara de la moneda son los moralistas que nos señalan y sermonean sobre el exceso de indulgencia en la vida. Si añadimos la religión a la mezcla, a menudo la vida sensual se equipara con el pecado (los siete pecados capitales, por ejemplo, comienzan con la lujuria y la gula, que son pecados sensuales).

En gran medida, la sociedad moderna le ha dado la espalda al moralismo de antaño, que consideraba que actividades inocentes como el baile eran una ofensa a Dios. En su lugar, el placer sensual se ha topado con otros problemas, los del exceso. Una forma de verlo es observando los antojos y las adicciones. Son casos extremos en los que los cinco sentidos no tienen conexión con la dicha. En cambio, el placer se ve forzado a hacer algo que no puede hacer: terminar con el dolor y el sufrimiento. Si te comes tus sentimientos, le estás pidiendo al sabor placentero de la comida que te traiga consuelo emocional. Si consumes alcohol o drogas para escapar hacia una zona libre de estrés y angustia, estás pidiendo a una sustancia química que sustituya tu sanación. Lo que tienen en común los antojos y las adicciones son dos cosas. La primera es la repetición. Comer un trozo de chocolate o beber una copa de vino te lleva a un segundo, luego a un tercero, y así sucesivamente.

La repetición es una señal de que la comida, el alcohol, las drogas u otros hábitos adictivos se están utilizando como una muleta psicológica. La mente se ha enchufado a repetidos golpes de placer para embotar, adormecer o escapar del problema subyacente, que suele ser la ansiedad. Pero la táctica es inútil al final debido a los rendimientos decrecientes: esta es la segunda cosa que los antojos y las adicciones tienen en común. Lo que comienza como una sensación placentera poco a poco empieza a ser menos eficaz y, finalmente, la obsesión se apodera de ella. El hábito se alimenta de sí mismo sin brindar ningún placer, hasta que la única utilidad que alguien encuentra en comer o beber en exceso o drogarse es mantener a raya el dolor.

Las personas desean excesivamente el sexo, las drogas, la comida y el alcohol porque no tienen acceso a la felicidad. Este es el mensaje oculto en el sistema de chakras. El mensaje contiene varias verdades, así que vamos a desgranarlas.

VERDADES MÁS PROFUNDAS SOBRE EL DESEO

- Lo que realmente deseas no es una cosa, sino la sensación de plenitud.
- La plenitud definitiva es la felicidad, la alegría y el éxtasis.
- Ya tienes la dicha en tu fuente.
- Cuando persigues cualquier deseo, en realidad estás tratando de recuperar lo que ya tienes dentro de ti.
- Expande tu conciencia, y la realización del deseo sucederá de forma natural.

El acceso a la dicha lo es todo. El cumplimiento del deseo existe al principio y continúa a través de todos los pasos que hacen que el deseo se vuelva realidad. Podríamos decir que esto es el máximo ganar / ganar. El *Bhagavad-gita* dice: "Realiza la acción sin tener en cuenta los frutos de la misma". Durante siglos, este axioma ha parecido totalmente desconcertante. Parece decir que debemos emprender nuestras actividades diarias y seguir nuestros deseos sin preocuparnos si nos llevan al éxito o al fracaso. Esto va a contracorriente de la cultura occidental, en la que la gente está "concentrada en ganar". ¿Quién jugaría al beisbol si ganar y perder fueran lo mismo? ¿Quién pediría un aumento de sueldo en el trabajo y se sentiría igual de satisfecho si se lo negaran?

Pero esta es una interpretación errónea. Los sabios que escribieron el *Gita* se dirigían a un lector que experimenta la conciencia simple como punto de partida de todo deseo y acción. Si ya experimentas la dicha, entonces no necesitas más. Llevas a cabo tu actividad diaria y persigues tus deseos, no para obtener un beneficio personal, sino porque la inteligencia creativa sabe que son necesarios. Piensa en dos madres con bebés recién nacidos: una madre experimenta la conciencia simple y la otra se preocupa por el bienestar de su bebé. Ambas seguirán cuidando de su hijo. Es una acción necesaria. Estar en la conciencia simple no cambia este hecho. Sin embargo, las dos madres tienen experiencias diferentes. Piensa en lo mejor que es ser una madre dichosa, que una que está preocupada e inquieta. Poner la conciencia en primer lugar despliega el mejor camino en todas las situaciones.

Sin embargo, las sociedades de todo el mundo hacen una elección diferente. Mientras el objetivo sea el placer, en el mejor de los casos la recompensa es a corto plazo. Todo el mundo necesita aprender que la inteligencia creativa ya está trabajando en su vida. Solo es cuestión de alinear sus deseos con la inteligencia creativa que siempre está presente.

EL DHARMA Y LAS RELACIONES

Compartes tu vida con todas las personas que te rodean, de formas pequeñas y grandes. Tu realización está entretejida con la realización de la familia, los amigos y los compañeros de trabajo. En una palabra, la vida se basa en las relaciones. Entonces, ¿cómo puedes cultivar tus relaciones de una manera repaldada por el dharma? Por mucho que queramos a las personas más cercanas a nosotros, surgen conflictos con ellas. La persona A quiere una cosa, la persona B, otra. Si llevas el conflicto al nivel del ego, rara vez hay una conclusión satisfactoria. Alguien saldrá del conflicto sintiéndose frustrado. Así es como una relación desciende a discusiones inútiles que no le aportan a nadie una sensación de satisfacción. Sin embargo, en el nivel de la inteligencia creativa, siempre hay un camino hacia la satisfacción compartida. Sería ideal que todo el mundo actuara con este conocimiento, pero estamos lejos del ideal.

Puesto que entiendes cómo funciona la inteligencia creativa, también conoces el valor de no estorbarte. Permite que la conciencia simple sea tu base. Los resultados que tu ego no puede lograr le llegan de forma natural a la inteligencia creativa, porque siempre opera desde el nivel de la solución y no desde el nivel del problema.

En las situaciones cotidianas, dejar de estorbarte a ti mismo comienza por renunciar a las fantasías del ego. Tu ego alberga sueños infantiles y egoístas de lograr lo que quiere todo el tiempo, por cualquier medio. Aunque te abstengas de un comportamiento egoísta extremo, estás bajo la influencia de estas fantasías fútiles, casi siempre sin saberlo. Si tienes una relación que no va bien —con la familia, con los amigos o en una relación íntima—, es casi seguro que tú o la otra persona estén representando una fantasía que el ego ha urdido y a la que se aferra con obstinación.

CINCO FANTASÍAS QUE PARALIZAN LAS RELACIONES

Nuestros deseos más profundos —ser amados, aceptados y comprendidos— nos llevan a sostener relaciones con otros. Observa las relaciones que funcionan bien en tu vida. Uno o más de estos deseos profundos están siendo satisfechos. Hay un mejor amigo al que puedes decirle cualquier cosa sin ser juzgado. Hay un cónyuge o pareja dispuesto a perdonar. En el esquema de los chakras, diríamos que el flujo de la inteligencia creativa está abierto.

Ahora observa las relaciones de tu vida que te producen frustración. Aquí no hay un flujo fácil de amor, comprensión y aceptación. En cambio, el ego se entrega a tácticas que no funcionan, lo que conduce a una frustración y un desacuerdo más profundos. ¿Por qué nos aferramos con necedad a un comportamiento que claramente no funciona, que nos trae miseria mutua? La respuesta es que estamos eligiendo la fantasía en lugar de la realidad. Permíteme ir a los detalles, y creo que así te será más fácil verte en el espejo.

FANTASÍA Nº 1: "TIENES QUE ESCUCHARME.
MIENTRAS TANTO, YO ME NIEGO A ESCUCHARTE".

Cuando dos partes dejan de escucharse, la relación ha llegado a un punto muerto. La comunicación se ha cerrado. En su lugar, se representan rituales rígidos. Estos rituales consisten en repetir una y otra vez el mismo argumento, gritar para intentar ser escuchados y congelar a la otra persona con desprecio grosero o con el silencio.

FANTASÍA #2: "TODO ESTARÁ BIEN SI CAMBIAS.
NO NECESITO CAMBIAR".

Este es el clásico disfraz de la culpa. Cuando exiges que la otra persona cambie, te estás juzgando a ti en contra de ella, sin decirlo. Lo que alimenta esta fantasía es la ilusión de que otra persona cambiará si la culpas lo suficiente. A esta fantasía se añade la confianza en ti mismo de que no necesitas cambiar porque la otra persona no tiene derecho a culparte.

FANTASÍA Nº 3: "ESTÁS AQUÍ PARA HACERME FELIZ. HASTA
QUE NO LO HAGAS, NO PUEDO RELACIONARME CONTIGO".

Esta fantasía es un remanente de la infancia. Los niños pequeños hacen berrinches y lloran cuando son infelices, y mientras sean infelices, no se relacionan. Están demasiado sumidos en sus propios sentimientos. Cuando esta actitud se traslada a la edad adulta, se convierte en narcisista. Los demás existen para hacerte feliz y, a menos que se den cuenta de eso, no te relacionarás con ellos. La mayor parte del tiempo no haces más que utilizarlos.

FANTASÍA #4: "SOY MEJOR QUE TÚ. POR ESO TENGO DERECHO A DECIRTE LO QUE DEBES HACER".

Gran parte de la discordia social puede atribuirse a un complejo de superioridad mutua. Sintoniza en la televisión a los comentaristas del bando político distinto al tuyo, y tal vez te sorprenderá (o no tanto) su sentido de superioridad hacia ti, en especial si crees que solo tu bando tiene derecho a sentirse superior. En las relaciones, el mensaje suele ser más encubierto, pero cuando dos personas insisten en "yo tengo razón", se vislumbra un indicio de sentimiento de superioridad.

FANTASÍA #5: "MEREZCO GANAR Y, UNA VEZ QUE LO HAGA, TE HUNDIRÁS DE UNA VEZ POR TODAS".

Este es el equivalente emocional de un juego de suma cero. El Super Bowl es un juego de suma cero, porque solo puede ganar un bando. Pero los asuntos humanos son fluctuantes. Un día estás abajo, al día siguiente, arriba. La creencia de que puedes estar siempre arriba y nunca abajo es pura fantasía.

Si dos personas, dos facciones o dos naciones se encuentran en un punto muerto, estas cinco fantasías casi siempre están en juego. Tal vez no todas al mismo tiempo, y quizá no todos sean honestos sobre cómo se sienten, pero esto no hace ninguna diferencia. Cada fantasía se basa en dos tendencias subyacentes. La primera tendencia es mantener los juicios; la segunda es el pensamiento de nosotros contra ellos. Estas tendencias no son innatas; hay que enseñarlas. Y eso significa que puedes desaprenderlas. Lo cual abre el camino al cambio.

CAMBIO CREATIVO

Una vez que te has mirado en el espejo y has comprendido cómo las fantasías de tu ego están trabajando en tu contra, puedes tomar medidas para cambiar tu pensamiento y tu comportamiento. Descarta la culpa que hace que la otra persona esté equivocada. Esa persona no tiene que cambiar para hacerte feliz: la responsabilidad de mejorar una relación recae en quien está motivado para crear el cambio. La responsabilidad se convierte en alegría cuando tu motivación se aleja del ego para permitir que la inteligencia creativa ofrezca el mejor resultado para ti y para la otra persona. Analicemos más detenidamente el tema de no estorbarte.

Sin importar el tipo de desacuerdo que surja en tu relación, la otra persona pone argumentos, resistencia y obstáculos. Esto se reduce a decir no. Quieres llegar al sí, que es también el objetivo de la inteligencia creativa. He aquí cómo llegar a ello.

CONVERTIR EL NO EN UN SÍ

- Renuncia a controlar, exigir o persuadir a la otra persona.
- Siéntate en un estado de calma racional. La otra persona también tiene que estar tranquila y receptiva. Si no es el caso,

pospón las cosas hasta que ambas partes estén en un estado mental receptivo.

- Muestra respeto por la posición de la otra persona.
- Escucha más y habla menos.
- Prepárate para el compromiso.
- Deja de pensar en "nosotros contra ellos".
- Busca opciones en las que todos salgan ganando.
- No muestres ira ni impaciencia.
- Encuentra un lugar sin juicios de valor en tu interior.
- No te rindas hasta que ambas partes estén satisfechas.

El tema general es este: cuando alguien bloquea lo que quieres, asume la responsabilidad de tu comportamiento; eso es mucho más fácil que intentar cambiar a la otra persona. Te pones en posición de permitir que la inteligencia creativa aporte una solución, una elección a la que nadie más tiene que sumarse.

Los principios para llegar al sí son bien conocidos en los círculos diplomáticos, pero no se cumplen en la vida cotidiana. Todos recurrimos a tácticas que casi nunca funcionan o, cuando parecen funcionar, estas dejan residuos de resentimiento en la otra persona. En términos prácticos, comprueba si estás haciendo alguna de las siguientes cosas: son garantía para evitar que logres lo que quieres.

CÓMO SE ATORA LA GENTE EN EL NO

- Insistir en culpar y quejarte.
- Desestimar el punto de vista de la otra persona.
- Entrar en una discusión cuando se está enfadado y molesto.
- Convertir a la otra persona en tu enemiga.
- Hablar de las diferencias en lugar de los puntos de acuerdo.

- Intentar ganar haciendo perder a la otra persona.
- Enumerar tus exigencias y negarte a ceder.
- Irte enojado, sin haber resuelto nada.

Las discusiones entre parejas y naciones enteras sacan a relucir estos comportamientos autodestructivos y, sin embargo, recurrimos a ellos una y otra vez a instancias del ego. Cuando ves estos comportamientos enlistados, no te resulta difícil ver a la fría luz del día lo improductivos que son. Vale la pena que te sientes a reflexionar sobre los puntos de la lista y cómo se aplican a la última discusión que tuviste o a la última vez que alguien te impidió conseguir lo que querías. Lograr lo que uno quiere es un impulso natural, pero utilizar los medios equivocados para hacerlo conduce a la frustración y la inutilidad.

El deseo abre el camino más natural hacia cualquier objetivo, sencillamente porque desear algo con suficiente intensidad es un motivador muy poderoso. El segundo chakra te impulsa a ganar cada vez más dicha, y te estimula a escapar de una vida sin dicha. Mi opinión es que la primera motivación —ganar cada vez más dicha— funciona mejor, porque el deseo busca más dicha de forma muy natural. Con frecuencia, empezar desde un lugar de frustración y sufrimiento se convierte en una lucha sin final a la vista. El más breve atisbo de dicha te dice que esta existe, y entonces puedes poner en marcha tus deseos para saborear más alegría, más dicha, más éxtasis. ¿Qué mejor manera para que el deseo logre su verdadero propósito de realización total?

ACTIVAR EL CHAKRA DEL SACRO

Este chakra refuerza todos los aspectos de la vida sensual, pero en especial la conexión entre el deseo y tu dharma, que apoya los deseos que necesitas para tu evolución y crecimiento interior. Algunas cosas que puedes hacer se aplican a todos los chakras en general:

- Estar en conciencia simple. Cuando notes que no lo estás, tómate unos minutos para centrarte.
- Medita en el mantra *Vam* (página 115).
- Medita en el pensamiento para centrarte: "Soy sensual" o "Abrazo el deseo" (página 118).

Otros pasos están dirigidos más específicamente a activar tu chakra de poder. A partir de un estado de felicidad, cada deseo ya está preparado para ser satisfecho. Esta configuración requiere un cambio de actitud porque los deseos surgen de la sensación de que algo falta.

Las meditaciones para el segundo chakra te muestran cómo experimentar el deseo como un desbordamiento generoso del "yo soy suficiente". Los deseos están destinados a ser una expansión de la abundancia, no una reacción a la carencia.

MEDITACIÓN #1

Siéntate en silencio, con los ojos cerrados, y respira profundo unas cuantas veces hasta que te sientas centrado. Ahora imagina un sueño extravagante que desees que se haga realidad. Podría ser ganarte la lotería, encontrar una pareja romántica perfecta, viajar en primera clase en un lujoso crucero: deja que tu fantasía te guíe.

Ahora imagina con detalle todas las maravillosas consecuencias de tu fantasía. Si puedes, usa también los demás sentidos, como escuchar una música hermosa. Siente la felicidad que te produce tu fantasía. Permite que la dicha se expanda en tu corazón. No fuerces nada. Incluso si sientes solo una pizca de felicidad está bien. Después de unos minutos, abre los ojos, respira hondo y vuelve a tu actividad habitual.

El propósito de esta meditación es mostrarte que tu conciencia es donde se produce la dicha. No necesitas ningún desencadenante externo para la gratificación. La dicha es accesible con tan solo desearla, utilizando una fantasía como un desencadenante sutil.

MEDITACIÓN #2

Esta es una versión avanzada de la primera meditación. Siéntate en silencio, con los ojos cerrados, y respira profundo hasta que te sientas centrado. Ahora sonríe por dentro. No desencadenes tu sonrisa utilizando una fantasía, sino que solo haz que la sonrisa surja porque la deseas. Quizá te resulte útil sonreír primero por fuera y luego seguir el impulso por dentro hasta que llegue a la zona del corazón.

Deja que tu sonrisa se prolongue durante unos minutos. Si te distraes, vuelve a tu sonrisa. La meditación termina cuando sientas que percibes una verdadera sonrisa en tu interior. En cualquier momento puedes abrir los ojos, respirar profundo una o dos veces y volver a tus actividades cotidianas.

Esta meditación accede directamente a una sensación de felicidad con tan solo desearla. Es muy útil practicarla varias veces al día. Estás entrenando a tu mente para que reconozca que puede tener una sensación de felicidad a voluntad. Con el tiempo, esto se convertirá en algo natural. Si has comenzado la práctica de centrarte, cada vez que percibas que has perdido la conciencia simple, añade una sonrisa al final. Si te sientes centrado y tranquilo, sonríe para ti mismo y permite que la sensación de felicidad inunde tu conciencia.

MEDITACIÓN #3

Cuando estés en la cama justo antes de dormirte, repasa tu día. Visualiza cada acontecimiento importante. Cuando recuerdes un buen resultado, deja que el sentimiento de satisfacción perdure. El acontecimiento no tiene por qué ser un éxito o un logro importante. Puede ser una palabra amable, una canción que te haya gustado o ver a tus hijos jugar.

Cualquiera que sea la imagen que tengas en tu mente, permite que el sentimiento de felicidad que la rodea se apodere de ti. Esto te ayuda a entrenar tu mente para que se detenga y aprecie su acceso a la dicha.

Si recuerdas un acontecimiento desagradable o infructuoso, deja que el sentimiento negativo persista, siempre y cuando no sea demasiado preocupante. Si descubres que vuelves a sentirte molesto por ese suceso, abre los ojos y respira profundo unas cuantas veces. Pero si el evento ha sido una fuente menor de molestia, preocupación o tristeza, deja que el sentimiento disminuya hasta que desaparezca. Incluso puedes decirle al recuerdo: "Me serviste. Ya no te necesito". También es útil exhalar el sentimiento con una corriente de aire constante por la boca. En cualquier caso, le estás pidiendo al sentimiento negativo que se vaya.

Una vez que este se haya ido, recuéstate tranquilo durante un momento, y luego vuelve a sentirte feliz sonriendo por dentro como lo hiciste en la meditación anterior. Esta es una meditación más avanzada que las otras, porque estás pidiendo que las emociones negativas se transformen en positivas. Sin embargo, vale mucho la pena dominarla, porque una vez que transformas un sentimiento negativo, este ya no se alojará en tu memoria. Además, te sentirás más seguro de que existes en un estado de afluencia interior, sin importar lo que te haya ocurrido durante el día.

CHAKRA 1
Totalmente enraizado

PRIMER CHAKRA

Ubicación: Base de la columna vertebral

Tema: Conexión con la tierra

Cualidades deseables:

Conexión con la tierra

Seguro, protegido, protegido

Completo

El primer chakra lleva a su conclusión el viaje de la conciencia de la dicha, con un giro sorprendente. La conciencia de la dicha ya no se limita a la mente y el cuerpo. Ahora entra en el mundo físico, llegando al exterior para abrazar todo lo que te rodea. Te sientes completamente en casa sin importar dónde estés, porque estás en casa en ti mismo. Ahora no hay necesidad de temer al mundo como algo arriesgado, inseguro o potencialmente peligroso.

Se trata de un nivel de conciencia que la mayoría de nosotros agradeceríamos, ya que el ciclo de noticias de 24 horas sigue reforzando una y otra vez el mensaje de que el mundo, de hecho, es bastante peligroso. Sin embargo, es posible un cambio drástico de perspectiva, que la inteligencia creativa puede lograr para ti.

El primer chakra, situado en la base de la columna vertebral, se llama comúnmente el chakra raíz, porque todos los chakras superiores tienen sus raíces aquí. Debe haber una base segura antes de que tu vida pueda elevarse. Tradicionalmente, el primer chakra representa el enraizamiento en la tierra, el mundo físico, pero estar enraizado tiene otras implicaciones. Cuando decimos que alguien tiene los pies en la tierra, estamos describiendo una personalidad estable, sensata y fiable, no propensa a volar con la fantasía.

El Yoga enseña que cuando nuestra mente y cuerpo están sincronizados tenemos los pies en la tierra. Los signos básicos de tener los pies en la tierra son los siguientes:

- Te sientes cómodo en tu cuerpo.
- Te sientes físicamente seguro.
- No te dejas llevar fácilmente por las influencias externas.
- Te gusta estar aquí y ahora.
- Tienes biorritmos estables (incluyendo un apetito regular y un buen sueño).
- Te sientes emocionalmente estable.

Estas no son cualidades que te propongas alcanzar en un plan. Son el resultado natural del equilibrio del primer chakra. Visualiza la conciencia de la dicha fluyendo desde el chakra corona, bajando por la columna vertebral y por las piernas hasta el suelo. Cuando no hay ningún obstáculo en todo este camino, estás en perfecto equilibrio dinámico.

La conexión a la tierra podría llamarse la primera base en el juego de la vida, pero en este libro la he dejado para el final. El sistema de chakras te muestra cómo vivir tu vida de arriba hacia abajo porque el chakra corona es tu fuente. Actualmente, la mayoría de las personas enfoca la vida de abajo hacia arriba, dando prioridad a sus necesidades materiales. El mundo físico proporciona, pero también quita. La escasez de recursos, el mal tiempo, las dificultades económicas y la lucha por la supervivencia son amenazas constantes en algún lugar del planeta. Estar preparado para las amenazas produce ansiedad y miedo a perder lo que se tiene.

Nada está más lejos de la enseñanza del Yoga, que sitúa todas las necesidades, incluidas las de supervivencia, en la conciencia y no en el mundo físico. Podrías objetar que la comida y el refugio son demasiado básicos para dejarlos de lado de esta manera. Sin embargo, si piensas en ello, te provees de comida, agua y refugio usando tu mente. No te encuentras en el llamado *estado de naturaleza*. Todos los animales y pájaros cuidan de sus crías hasta que están lo bastante desarrolladas para valerse por sí mismas. Es natural que lo hagan. Solo el *Homo sapiens* prolonga el periodo de crianza hasta la adolescencia y más allá, porque nuestro desarrollo tiene lugar en la conciencia. El sistema de chakras reconoce esto y expande la conciencia hasta su máximo potencial.

La vida moderna ha perdido casi en su totalidad esta conexión con la tierra. Restaurar esta conexión puede dar lugar a algunas experiencias dramáticas. Una prueba de ello me la dio Matthew, un amigo que me contó una de las experiencias que más le cambiaron la vida.

> *Venía de un entorno duro, con un padre alcohólico y una madre dulce, pero pasiva. Mirando hacia atrás, supongo que en la jerga actual se la llamaría "facilitadora".*
>
> *Me metí en la meditación porque sabía que tenía mucha rabia almacenada en mí, y podía ver gente más feliz a mi alrededor. Fue así de sencillo, sin grandes ambiciones espirituales ni nada. De alguna manera, todo encajó para mí. Me tranquilicé por dentro y mi enojo disminuyó mucho. Una vez que me instalé en el estado de mente tranquila, aumentó su atractivo. Experimenté lo que creía que era la felicidad.*
>
> *Un día, me senté a meditar y, en 30 segundos, una nueva y leve sensación de felicidad se hizo muy intensa. Esto es nuevo, pensé. Entonces me invadió una oleada de amor, y sentí claramente que era el amor de una madre. Venía de mi interior, no por el recuerdo de mi madre. Siendo un hombre, nunca se me ocurrió que pudiera sentirme maternal, pero ahí estaba, cálido y femenino. La experiencia no duró más de cinco minutos, pero realmente siento que me cambió. Sé con certeza que la madre divina es real, porque experimenté su contacto.*

Todas las tradiciones espirituales describen alguna forma de madre divina, que casi nadie reconoce en el mundo secular moderno. Los siete chakras representan los lugares de nuestro interior que debemos explorar para saber quiénes somos realmente. El primer chakra te dice que eres un hijo de la tierra, y esta comprensión es dichosa, o debería serlo. Uno de los aspectos más dañinos de la vida moderna es que explotamos la tierra sin cuidarla. Una entidad viva, conocida como la Madre Naturaleza, ha perdido su cualidad de madre. Esto supone un marcado alejamiento de miles de años de tradición que centraban la espiritualidad en torno a la Naturaleza como fuente de abundancia. Así, reconectar con la tierra implica mucho más de lo que se podría esperar.

CUESTIONARIO

¿Cómo estás conectado con la tierra?

Cuando estás conectado con la tierra, tu propia naturaleza física es una fuente de felicidad. Sin embargo, la mayoría de la gente tiene la experiencia opuesta, juzgando su cuerpo, temiendo los desastres naturales y creyendo que los microorganismos —las formas de vida básicas del planeta— son "gérmenes" que causan enfermedades. Otras personas simplemente no se sienten cómodas en la cualidad física de su cuerpo. Para ver lo que puede resultar, considera estas 10 preguntas básicas:

1. ¿Tienes una buena imagen corporal?
   Sí ☐ No ☐

2. ¿Te gusta el contacto físico?
   Sí ☐ No ☐

3. ¿Te duermes fácilmente y duermes bien toda la noche?
   Sí ☐ No ☐

4. ¿Estás contento con tu edad?
   Sí ☐ No ☐

5. ¿Sientes que tienes una actitud saludable hacia el sexo?
   Sí ☐ No ☐

6. ¿Te gusta estar en la naturaleza?

    Sí ☐   No ☐

7. ¿Te resulta fácil concentrar tu mente siempre que lo deseas?

    Sí ☐   No ☐

8. ¿Tienes una gran capacidad de atención?

    Sí ☐   No ☐

9. ¿Te preocupa tu salud en el futuro?

    Sí ☐   No ☐

10. ¿Disfrutas de la actividad física?

    Sí ☐   No ☐

Si respondiste "No" más de cuatro veces, es posible que no estés realmente conectado con la tierra de forma equilibrada. No te estoy echando la culpa ni intento alarmarte. En el mundo occidental, la vida moderna es cada vez más sedentaria y mental. Las oportunidades de realizar actividad física son limitadas para millones de oficinistas, y las distracciones que nos mantienen en el sofá o en internet aumentan todo el tiempo.

Hay muchas opciones de estilo de vida que pueden marcar la diferencia, tanto grandes como pequeñas, para reconectarte fortaleciendo el primer chakra. Algunas te sonarán familiares, otras pueden ser nuevas para ti.

- Asegúrate de dormir bien, es decir, de ocho a nueve horas de sueño continuo e ininterrumpido.

- Permanece centrado en la conciencia simple. En cuanto notes que no estás centrado, tómate unos minutos para centrarte.

- Convierte en un hábito diario la práctica de una simple meditación de la respiración, que consiste en sentarte tranquilo, con los ojos cerrados, y seguir tu respiración durante 5 o 10 minutos.

- Si pasas largos ratos sentado en el trabajo o en la computadora, levántate una vez por hora, estírate y muévete durante unos minutos.

- Encuentra un medio para tener un disfrute físico que le dé energía a tu cuerpo, y asegúrate de no convertir el ejercicio en un trabajo.

- Si empiezas a sentirte inquieto, agitado, distraído o preocupado, corta de raíz esa sensación. No te demores, vuelve a un estado de conciencia tranquilo y centrado tan pronto como puedas.

- Evita las condiciones que ponen en marcha el sistema nervioso involuntario. Entre ellas, hacer muchas cosas a la vez, las interrupciones frecuentes por teléfono, los niveles elevados de ruido, el exceso de personas que reclaman tu atención y un ambiente tenso. Analiza detenidamente tu situación inmediata en casa y en el trabajo para ver cómo se pueden mejorar muchas de estas condiciones.

- Sal a la naturaleza para dar un paseo relajado y apreciar su belleza y tranquilidad.

"REALIDAD CORRECTA"

Estar conectado con la tierra físicamente es esencial, pero el primer chakra tiene más que decir. Trae la espiritualidad literalmente a la tierra. En otras palabras, la conciencia superior infunde la realidad física.

Lo que está en juego puede llamarse "realidad correcta". La prueba de fuego es si tus pensamientos, sentimientos, sensaciones, deseos e intenciones pueden alterar la realidad física. En el mundo moderno, casi todas las personas —excepto los devotos religiosos, que atribuyen el poder último a Dios— asumen que el argumento contrario es correcto. El mundo físico es la "realidad correcta" por defecto porque, desde la infancia, pocos de nosotros hemos escuchado el argumento de la conciencia.

Sin embargo, los argumentos a favor de la mente sobre la materia son muy sólidos. Esto nos toca de cerca cada vez que tenemos un pensamiento. Para pensar una frase como "La playa está llena de palmeras", las palabras deben generar actividad cerebral, y esta actividad produce moléculas especializadas, conocidas como neurotransmisores, que no existen en el patrón preciso que necesitas hasta que se produce el pensamiento. Supongamos que visualizas esas palmeras en una playa, las ves meciéndose con la brisa tropical o escuchas el chapoteo de las olas del mar en la arena. En ese caso, cada proceso está dirigido por la mente, y el cerebro obedece las instrucciones produciendo moléculas específicas adecuadas para la tarea.

La mente sobre la materia puede extenderse hasta extremos extraordinarios. El mundo se sorprendió en 2019 por las hazañas de un monje budista tibetano en Taiwán cuya conciencia siguió controlando su cuerpo después de la muerte. Vale la pena citar íntegramente el informe de prensa del *Times of India*.

Un erudito budista tibetano en Taiwán entró en el raro estado de meditación espiritual de "thukdam" después de ser declarado clínicamente muerto el 14 de julio, se afirmó. El thukdam es un fenómeno budista en el que la conciencia de un maestro realizado permanece en el cuerpo, a pesar de su muerte física, dijo la Administración Central Tibetana (ACT).

Aunque se les declara clínicamente muertos, sus cuerpos no muestran signos de descomposición y se encuentran frescos durante días o semanas sin ningún proceso de conservación. La investigación científica de este fenómeno se inició hace unos años por iniciativa del líder espiritual tibetano, el Dalái Lama. Tras el fallecimiento clínico del erudito budista tibetano el 14 de julio, los restos mortales de Gueshe Gyatso fueron devueltos a su residencia, según informó la oficina de la ACT en Taiwán en un post. En ese momento, Taiwán estaba en pleno verano, pero no se pudo detectar nada en la observación de los restos mortales. El personal de la oficina del Tíbet volvió a visitar el cuerpo al quinto día para determinar los signos de putrefacción y descomposición. Asimismo, fue examinado por profesionales médicos que expresaron su total asombro ante el fenómeno.

La naturaleza incorruptible del cuerpo de un santo tras su muerte está bien documentada en el catolicismo romano. Sin embargo, correspondió a las tradiciones orientales crear una meditación que permita a la conciencia de una persona alcanzar tales poderes, no por la gracia de Dios, sino mediante la práctica regular. En el caso de Taiwán, el Dalái Lama ordenó de inmediato que se trajeran observadores científicos neutrales para verificar el fenómeno, lo que ocurrió debidamente. La noticia continúa:

El 24 de julio, el físico [Yuan Tseh Lee] y sus ayudantes del centro de investigación de Taiwán, la Academia Sinica, llegaron y realizaron el

primer examen forense al monje [...] reveló que la presión sanguínea del
cuerpo era de 86, bastante cercana a la de un humano vivo, dijo la ACT.
Además, en un examen minucioso se observó la flexibilidad de la piel, el
estado aparentemente no descompuesto de los órganos internos, así como
el brillo y el calor del rostro.

El examen médico mostró una actividad cerebral significativa, y los escépticos podrían aprovechar este hallazgo para argumentar que el monje no estaba realmente muerto. Pero la muerte cerebral empieza a producirse a los tres minutos de haberse detenido el corazón y, en este caso, pasaron días sin actividad cardiaca.

En la tradición del Yoga, este asunto no se consideraría un milagro, sino un ejemplo de *siddhis*, el poder de la conciencia para extenderse a regiones que la mayoría de la gente llamaría sobrenaturales. Aunque se tomaron fotos para dejar constancia de que el siddhi de Taiwán era real, carecemos de pruebas similares en siddhis como la bilocación, o estar en dos lugares a la vez (esto se atribuye a menudo a los santos católicos, y a veces lo citan personas que afirman que envían la fragancia de las flores a un lugar lejano); vivir durante décadas o incluso siglos más allá de la vida humana normal (China tiene una larga tradición de tales Inmortales, como se les llama); o la levitación (que ha sido registrada cientos de veces de forma anecdótica en la tradición hindú y católica).

Un siddhi ofrece pruebas de que la conciencia impregna la materia, empezando por el cuerpo humano. El dominio de la conciencia no está "aquí dentro" o "ahí fuera", sino en ambos lugares. Incluso esto no va lo bastante lejos. La conciencia no tiene ubicación. No tiene dimensiones, ya que no se puede medir en centímetros y metros, gramos y kilos, horas y minutos, aquí o allá. Esta noción de no estar en ninguna parte y en todas partes al mismo tiempo es difícil de entender, lo sé. Un enfoque que actualmente está ganando popularidad entre los físicos es considerar que todo el universo es consciente. Esto está muy lejos de la férrea suposición de que el universo es totalmente físico y aleatorio.

Pero la física se ha visto acorralada cuando se trata de la conciencia. Nadie puede demostrar, ni siquiera remotamente, que cualquier combinación de átomos y moléculas pueda pensar, aunque es obvio que los seres humanos sí podemos. (Incluso pensamos acerca de pensar, lo cual parece ser algo único de nuestra especie). Ante la constatación de que los procesos físicos no pueden explicar la aparición de la mente, es más fácil llegar a la conclusión de que algún tipo de conciencia semilla, o protoconsciencia, formaba parte de la creación desde el principio, como la gravedad.

CUERPO DE FELICIDAD

Aquí no nos preocupan las cuestiones cósmicas. Traigo a colación el universo consciente solo para mostrar que la ciencia moderna está empezando a estar de acuerdo con el Yoga: la conciencia es básica. El Yoga va un paso más allá al decir que la conciencia es la verdadera realidad. Es bastante notable que solo se trate de un paso. La mayoría de las personas, incluido 99% de los científicos, tienen una imagen mental de la vida en la Tierra que comienza con organismos unicelulares primitivos, como las amebas y las algas azul-verdes. Estos organismos permanecen durante un par de miles de millones de años antes de que surjan los organismos pluricelulares, y luego se necesitan otros miles de millones de años para llegar a la edad de los dinosaurios.

Sin embargo, la mente sigue estando cientos de millones de años por delante en el futuro. Si se parte de la base de que solo los seres humanos somos conscientes, nuestra existencia comenzó hace solo uno o dos millones de años. Para poner esto en escala: si se mide la edad de la Tierra como un único día de 24 horas, que comienza a medianoche, la vida primitiva comienza a aparecer a las seis de la mañana, los organismos pluricelulares alrededor del mediodía, y nuestros antepasados homínidos en los últimos 20 segundos antes del final del día. Sin embargo, este cálculo carecería de sentido si la conciencia estuviera incorporada a la creación. No habría ningún periodo, por muy antiguo que fuera, *sin* conciencia.

No solo la conciencia estaría siempre presente, sino que impregnaría los átomos y las moléculas. Ahora no hay que nombrar cuándo o dónde aprendieron a pensar los átomos y las moléculas. El pensamiento está sucediendo sin importar dónde se mire, solo que no es el pensamiento humano en palabras y conceptos. Es la inteligencia creativa. El flujo de inteligencia creativa se convierte en lo que los darwinianos llaman evolución, con la gran diferencia de que la conciencia evoluciona al mismo tiempo que los rasgos físicos. (Un darwiniano puro se queda con los rasgos físicos. La evolución de la conciencia todavía tiene que encontrar un nuevo Darwin que encaje la conciencia en la ecuación. Solo el Yoga lo ha hecho hasta ahora).

Si cada átomo y molécula de tu cuerpo es parte del flujo de la inteligencia creativa, entonces también lo es cada célula. Cuando la ciencia médica, asombrada por la actividad inteligente del sistema inmunitario, empezó a llamar al sistema inmunitario "cerebro flotante", se abrió la puerta para ver la inteligencia en las células que no estaban confinadas en el espacio cerrado dentro del cráneo. Ya hemos hablado de cómo el cuerpo manifiesta la inteligencia creativa, pero hay que sacar una conclusión mayor, que es la siguiente: si tu cuerpo expresa la inteligencia creativa, estás habitando un cuerpo de dicha.

En los momentos de gran alegría y plenitud, todo el mundo siente una reacción corporal, como hormigueo, ligereza o un aumento de energía. Gritamos y bailamos de alegría porque el cuerpo quiere dar salida a su torrente de dicha. Sin embargo, el Yoga señalaría al monje budista tibetano, cuyo cuerpo sobrevivió a la muerte, como un mejor ejemplo del cuerpo de la dicha. Fue la conciencia de la dicha en su cuerpo la que lo preservó intacto *post mortem* por la sencilla razón de que, en vida, la conciencia mantiene intacto el cuerpo de todos.

En la tradición espiritual hindú, el cuerpo de la dicha tiene un nombre: *Anandamaya kosha*, donde *Ananda* es la dicha y *Kosha* es el cuerpo. No es necesario entrar en detalles, pero es interesante que exista un sistema de Koshas que desciende desde el cuerpo de la dicha hasta el cuerpo del pensamiento, las emociones y, finalmente, el cuerpo físico. Este viaje es muy similar al de los siete chakras, en el sentido de que el comienzo es la pura conciencia de la dicha y el punto final es la cualidad física.

Me he arriesgado a llevar esta discusión lejos de la vida cotidiana. Sin embargo, si has aguantado hasta aquí, estás al borde de un asombroso momento "¡ajá!". Te darás cuenta de que tu conciencia y todo lo que te rodea son uno. Toda la Tierra es un cuerpo de dicha. No hay separación entre el flujo de inteligencia creativa en los átomos y moléculas de tu cuerpo y el flujo de inteligencia creativa en las nubes, los árboles, las amebas, los chimpancés y las estrellas. No posees una mente rodeada de un mundo físico, donde gobierna la materia sin sentido. La conciencia es el pegamento invisible que mantiene unida la creación a todos los niveles. Este momento "¡ajá!" tiene una enorme importancia en la vida cotidiana. Por ejemplo:

- Tus pensamientos y deseos están conectados con el mundo "ahí fuera".

- A través de esta conexión creas los acontecimientos que te rodean.
- Si tienes una intención cerca de la fuente de la conciencia de la dicha, tu intención se hará realidad.
- En el origen, tu conciencia es exactamente igual a la conciencia cósmica.

El Yoga enseña que existe una poderosa conexión entre tú y el universo que trasciende el ámbito del "yo" individual. Al fortalecer el primer chakra, empiezas a habitar un cuerpo de dicha que se extiende en todas las direcciones. Profundicemos en cómo funciona esto realmente.

LA CONEXIÓN SHAKTI

Tu conexión cósmica comienza con las experiencias cotidianas y luego se extiende a nuevos territorios. El simple hecho de que puedas levantar el brazo teniendo un deseo que viaja a través del sistema nervioso central hasta los músculos del brazo es suficiente para demostrar que la conexión mente-cuerpo es real. También hay una experiencia ocasional de sincronicidad, cuando piensas algo y al momento siguiente se manifiesta. Te viene a la mente el nombre de una amiga y un minuto después ella te envía un mensaje de texto. Te viene a la mente una palabra al azar, y alguien la dice poco después. (Un amigo me dio un ejemplo sorprendente de sincronicidad cuando era estudiante de posgrado. Cuando iba en el autobús hacia un seminario, le vino a la mente la palabra *praxis*. No era una palabra que utilizara nunca, aunque había estudiado latín en la escuela y sabía que es la palabra que designa la práctica de hacer algo. Llegó a la clase, entró el profesor y, antes de empezar el seminario, el profesor escribió *praxis* en el pizarrón, luego se dirigió a sus alumnos y anunció que ese sería el tema del seminario ese día).

La *sincronicidad* se define como una coincidencia significativa, pero no existe una explicación científica para ella. Puedes intentar explicar que un amigo te envíe un mensaje de texto diciendo que uno de ustedes es vidente. Tal vez mi amigo que va en el autobús podría pensar que es psíquico. El verdadero problema es cómo la mente de una persona se conecta con el mundo exterior. En el Yoga, la explicación es una fuerza llamada *Shakti* en sánscrito, una palabra que tiene toda una serie de connotaciones: energía, habilidad, fuerza, esfuerzo, poder y capacidad. Si tienes suficiente Shakti, tu conexión con el mundo es fuerte; sin Shakti, existirás en algún lugar entre la impotencia y una vida de dificultades y contratiempos.

Shakti se aplica tanto a la mente como al cuerpo. Se necesita Shakti para levantar un gran peso y también para multiplicar 43 veces 89 en tu cabeza. Pero la Shakti en la que nos hemos centrado en este libro es inteligente y creativa; potencia los acontecimientos en todas partes, desde el Big Bang hasta el próximo aliento que inhales. Shakti es cósmica. En la mitología hindú, Shakti es la consorte femenina de Shiva, que forma las dos caras de la creación: Shiva gobierna el reino invisible de todas las posibilidades. Al mismo tiempo, Shakti lleva las posibilidades al mundo físico. Su danza es la danza de la creación.

Cuando Shakti se convierte en algo personal, tu cuerpo funciona como fue diseñado, con una correlación perfecta en cada célula. Experimentas el equilibrio, la salud y el bienestar como algo natural. Cuando algo empieza a desequilibrarse o experimentas mala salud y falta de bienestar, Shakti se ha deteriorado. No hay magia para restaurarla. Lo único que necesitas es una simple toma de conciencia. Cuando estás centrado, calmado y tranquilo por dentro, le estás dando a Shakti un canal abierto una vez más. Por eso, según el Yoga, la meditación es buena para el cuerpo. El efecto benéfico que la meditación tiene sobre la presión sanguínea, los latidos del corazón, la respuesta inmune, etcétera, es que la meditación te pone en la conciencia simple. (No estoy proponiendo una panacea médica. Los trastornos del estilo de vida más comunes en el mundo moderno comienzan años, incluso décadas, antes de que aparezcan los síntomas. Estas causas están profundamente arraigadas, y en muchos casos la meditación solo puede ayudar un poco. Pero esto no socava la eficacia que la meditación ha demostrado tener en toda la mente y el cuerpo).

Ahora bien, todo pensamiento tiene Shakti, lo que significa que el pensamiento envía ondas de energía a toda la creación. Te estás comunicando con el mundo físico a través de la Shakti que posees. A veces esto se toma literalmente: una persona extraordinaria puede surgir de la nada para convertirse en Jesús, Buda, Napoleón o Einstein porque una fuerza imparable la empuja hacia delante. Sin embargo, Shakti no es la fuerza del destino, ni es como tener más electricidad en una red eléctrica. Shakti existe para traerte todo lo que necesitas tener: el mismo objetivo que tiene siempre la conciencia de la dicha.

En lo que respecta al Yoga, todo en tu vida debe ser sincrónico. Si piensas en el nombre de alguien y esa persona te envía un mensaje de texto, esto debería ser un pequeño paso que te beneficie. Si encuentras un trabajo que quieres, deberías conseguirlo si es adecuado para tu evolución personal. Aquí es donde se rompe el pensamiento convencional. Quizá hayas escuchado el dicho: "Gracias a Dios por las oraciones no respondidas". Hay muchas cosas que pensamos que son buenas para nosotros y resultan ser malas, y evitarlas es una bendición.

La brecha en las experiencias se cierra cuando lo que quieres que ocurra es lo que *debería* ocurrir. Entonces, ¿cómo se llega a ese punto?

Hay momentos en los que sientes que todo va en tu dirección, que nada puede detenerte y que el mundo es maravilloso. Estás alineado con la inteligencia creativa. Pero otros días te sientes muy desubicado y lo pasas mal. Lo que marca la diferencia no es una fuerza exterior, el destino o un accidente. El factor determinante es tu conexión y alineación con Shakti.

Con mi colega Anoop Kumar, doctor en Medicina y un brillante pensador sobre la conciencia, llegamos a tres etapas que te indican qué tan fuerte es tu conexión con Shakti. Para simplificar, las llamamos Mente 1, 2 y 3.

Mente 1. Ves la vida como un individuo separado. El principal indicador de la Mente 1 es la sensación de estar ubicado en el cuerpo. Como resultado de estar limitado por el cuerpo, la Mente 1 detecta el mundo físico como algo separado. Como nos vemos a nosotros mismos, así vemos el mundo. Si te localizas en tu cuerpo, ves un mundo de cosas separadas que no son tú. Otras personas viven dentro de su propio cuerpo, lo que les da su propia sensación de separación. En la Mente 1 proporcionas un terreno fértil para el ego. El "yo, mí y lo mío" se convierte en lo más importante. Esto tiene mucho sentido, porque tu plan como persona separada tiene que ver con las experiencias de placer y dolor que siente el cuerpo. Incluso un estado mental como la ansiedad tiene sus raíces en el cuerpo: lo que temes se reduce a una sensación de dolor "aquí dentro". En todos los aspectos, la Mente 1 está dominada por el sí y el no a las experiencias que le llegan.

La Mente 1 parece totalmente correcta y natural en el mundo secular moderno. La Mente 1 se refleja en el enfoque total de la ciencia en las cosas físicas, desde los microbios y las partículas subatómicas, desde el Big Bang hasta el multiverso. Un libro de gran éxito de 1970, *Our Bodies, Ourselves*, se aplica a todos nosotros en Mente 1.

La única Shakti que tienes está dentro de tu cuerpo, al igual que tu única identidad está dentro de tu cuerpo. Esta Shakti es muy poderosa —mantiene unidas todas las células—, pero también es limitada. Tu estado de conciencia no cambia nada en el mundo exterior.

Mente 2. La Mente 2 se centra en la unidad de la mente y el cuerpo. No es necesario que te veas confinado en un paquete físico de carne y huesos. De hecho, esta mentalidad puede invertirse. En lugar de aislamiento, hay conexión; en lugar de cosas, hay proceso; en lugar de objetos duros, hay un flujo continuo. Te relajas en el flujo de la experiencia en lugar de cortar la vida en trozos que deben ser juzgados, analizados, aceptados o rechazados.

La Mente 2 te permite verte con más claridad, porque en realidad la conexión mente-cuerpo es un todo único. Cada pensamiento y sentimiento crea un efecto en cada célula. Puedes crear conscientemente un cambio en todo el sistema a través de una intención en la conciencia. La Mente 2 es más sutil que la Mente 1: en la Mente 2 te has adentrado más en lo que realmente eres, y tu estado de conciencia se convierte en lo más importante. Tú eres quien experimenta, observa y conoce.

Para la mayoría de las personas, la Mente 2 comienza a surgir cuando medita o hace yoga, encontrando el acceso a la mente tranquila que se encuentra bajo la superficie de la inquieta mente activa. Con este descubrimiento llega una forma de ver más allá de la búsqueda infructuosa del ego separado del placer, el poder o el éxito "perfectos". A medida que una visión más profunda del yo y de la vida inunda toda la experiencia, se establece la Mente 2. Es igual de importante que empieces a verte reflejado en el mundo. Te das cuenta de que gran parte de lo que te ha ocurrido —lo bueno y lo malo— ha sido influenciado por tu estado de conciencia. Una vida basada en la conciencia de uno mismo es mucho mejor que una vida en estados de ánimo, caprichos, deseos, prejuicios y creencias fijas. Tu conexión con Shakti está en transición, ya no está confinada a tu cuerpo, pero aún no es poderosa en el mundo exterior.

Mente 3. La Mente 3 expande la conciencia más allá de todos los límites creados por la mente y cambia de modo radical el significado de la palabra *yo*. La conciencia expandida te sitúa en un campo infinito de inteligencia creativa, donde todas las cosas existen como posibilidades que emergen a través del poder de Shakti. Esto no es solo una visión clara de tu vida, es la claridad misma, porque no hay una cosa ni un proceso que obstruya tu visión. Los límites no existen. No hay pasado ni futuro. La visión más clara que puedes tener es aquí y ahora.

Cuando no hay fronteras que limiten tu visión, estás despierto, lo que te permite ver las cosas sin ningún filtro. Tu pasado ya no te mantiene cautivo y, por lo tanto, eres libre, razón por la cual la Mente 3 se conoce desde hace siglos como liberación. Ya no hay más "grilletes de la mente", en la frase de William Blake. Puedes confiar en Shakti para que te apoye de forma espontánea, como ya lo hacen tus células.

La Mente 3 está abierta a todo el mundo, pero hay un gran obstáculo que superar: nos convence la lente con la que vemos las cosas. Cada mentalidad se siente real y completa. En la Mente 1 te identificas con las cosas físicas, y tu cuerpo es lo más importante. En la Mente 2 te identificas con tu campo de conciencia, ya que te aporta experiencias y sensaciones que suben y bajan.

Debido a que se necesita un viaje interior para llegar a ella, la mayor parte de la humanidad no se encuentra en la Mente 3, pero cada experiencia de alegría, amor, compasión, belleza, paz y conciencia de ti mismo deja de lado al ego, y por un momento sabes que estar despierto es natural y muy deseable. Vas más allá del "yo" en un simple y natural vislumbre de lo que realmente eres. Eres el campo de la conciencia misma, sin límites y libre. Toda experiencia posible se origina aquí, antes de que los filtros del ego, la sociedad, la familia, la escuela y los recuerdos dolorosos nublen tu visión.

La Mente 3 es la libertad que alcanzas cuando te das cuenta de que siempre has estado destinado a ser libre. Despeja el desorden y la libertad simplemente estará ahí. La Mente 1 y la Mente 2 son creaciones, mientras que la Mente 3 es no creada. La danza de Shakti es eterna y, cuando nos unimos a ella, la sensación inevitable es que por fin hemos vuelto a casa. "Yo soy suficiente" es tu hogar a partir de ahora.

ACTIVACIÓN DEL CHAKRA RAÍZ

Este chakra refuerza todos los aspectos de estar conectado a la tierra, tanto física como mentalmente. Algunas cosas que puedes hacer se aplican a todos los chakras en general:

- Estar en conciencia simple. Cuando notes que no lo estás, tómate unos minutos para centrarte.
- Medita en el mantra *Lam* (página 115).
- Medita en el pensamiento para centrarte: "Siempre estoy a salvo y seguro" o "Estoy totalmente enraizado" (página 118).

Otros pasos están dirigidos más específicamente a activar el primer chakra. Ya hemos hablado de la práctica de centrarse, que es básica para sentirse en casa en el cuerpo.

El estrés y la angustia te sacan del estado de conexión con la tierra. El ejercicio 1 es útil en el mismo sentido.

EJERCICIO #1

Siéntate tranquilo con los dos pies sobre el suelo y la postura erguida. Inspira hasta que sientas el pecho cómodamente lleno. Al exhalar, visualiza un rayo de luz blanca que baja por la columna vertebral.

Observa cómo la luz se divide por debajo de la columna vertebral, bajando por cada pierna, a través de los pies y hasta la Tierra.

Repítelo de cinco a 10 veces. No es necesario que lo repitas en cada respiración, sino solo cuando te sientas preparado. El efecto de enraizamiento se ve favorecido si cruzas las manos en tu regazo y bajas los hombros. Estás conectando tu energía personal con la tierra, la fuente de vida y pertenencia en el mundo físico.

EJERCICIO #2

En un día cálido y soleado, busca un trozo de pasto, de preferencia en un lugar tranquilo de un parque o en tu jardín. Recuéstate de espaldas, con los ojos cerrados. Separa los pies y coloca los brazos a los lados. Asegúrate de que estás cómodo en esta posición.

Siente cómo el peso de tu cuerpo te acerca a la tierra. Imagina que tu cuerpo se vuelve tan pesado que no sientes ninguna distancia entre tú y la tierra.

Cuando tengas esta sensación, respira profunda y cómodamente. Con cada inhalación, absorbe la energía de la tierra que sube a través del suelo y que inunda tu cuerpo. Puedes sentir esto como una sensación de calor o visualizar una luz dorada llenando tu cuerpo.

Con cada exhalación, relájate y permite que la luz dorada y el calor se instalen en tu cuerpo.

Repítelo durante cinco o 20 minutos, o lo que te resulte más cómodo.

EPÍLOGO

Nuestro futuro espiritual juntos

Los temas de este libro —el Yoga, la abundancia y la inteligencia creativa— se desarrollan en cada página. Pero entre bastidores se desarrolló algo más oscuro. Empecé a escribir cuando la pandemia aún no se había apoderado del mundo y terminé el libro después del encierro que duró más de lo que nadie imaginó.

Es natural que en tiempos difíciles la gente reflexione sobre Dios como fuente de consuelo y esperanza: en una crisis se dispara nuestra necesidad de apoyo espiritual. Esto es cierto, aunque los estadounidenses y los europeos lleven décadas sin apegarse a las religiones organizadas. Como un abrigo de invierno que se guarda en primavera, muchas personas guardan la religión una vez que la crisis ha pasado. Pero la necesidad de espiritualidad no pasa como las estaciones. Esta necesidad está más arraigada que el consuelo y la esperanza. Es la necesidad de sabiduría. *Sabiduría* es una palabra que se presta al escepticismo y al rechazo. Incluso las personas que se consideran "espirituales" suelen pensar mucho más en cuestiones como la autoestima y el amor.

La sabiduría tiene una importancia crucial. Da respuestas a por qué existimos y cuál es nuestro propósito. En el Yoga, la sabiduría ofrece una visión de la conciencia misma, que tiende un puente sobre todas las edades y circunstancias. Llega al corazón de la realidad. En última instancia, la búsqueda de la realidad es lo que une el impulso de sentirnos completos. Aquellos que realmente se detienen a escuchar la voz silenciosa del verdadero yo son los afortunados.

Sin embargo, nadie puede ser abandonado por el espíritu, sin importar si siente alegría o desesperación. El poeta Rabindranath Tagore lo deja claro en un hermoso verso:

> *Motas de polvo bailando en la luz*
> *Esa es también nuestra danza.*
> *No escuchamos en nuestro interior para escuchar la música*
> *No importa.*
> *La danza continúa, y en la alegría del sol*
> *Se esconde un Dios.*

Es una expresión de esperanza eterna. Sin embargo, aunque el espíritu no abandona a nadie, el camino hacia la espiritualidad madura y duradera, hacia la sabiduría misma, comienza cuando se escucha la música interior, como dice Tagore, o la atracción magnética del Ser, como dice el Yoga.

Ahora mismo la búsqueda de la sabiduría es más importante, creo, que la búsqueda de Dios. Desde que Aldous Huxley acuñó la frase "la filosofía perenne", los buscadores espirituales de Occidente se han dado cuenta de que el sectarismo es demasiado estrecho y las religiones demasiado ortodoxas para contener el gran cuerpo de sabiduría que se ha acumulado a lo largo del tiempo. La escena espiritual que se desarrolla a nuestro alrededor es la versión actualizada de la filosofía perenne. Me saca una sonrisa suponer que se puede modernizar lo trascendente. En realidad, es una especie de estratagema que se repite generación tras generación. Hay que persuadir a la gente de que la conciencia superior es real. Si no lo logras, le estarás predicando a las piedras.

Para muchas personas espirituales, no hay duda de que la religión organizada sirve a las fuerzas sociales reaccionarias y ofrece una versión dogmática de Dios. Sin embargo, es mucho más deplorable ignorar el anhelo espiritual que existe en nosotros. Quizá la escena espiritual actual no llene el vacío a la perfección, pero se puede prever el futuro de la espiritualidad en lo que está ocurriendo hoy:

- Las personas se sienten libres para expresarse fuera de las doctrinas de las religiones organizadas.
- Se sienten abiertas a experiencias que las generaciones anteriores negaban o condenaban, y que los archimaterialistas niegan totalmente.
- Son conscientes de que la espiritualidad es un amplio río que se remonta a muchos siglos atrás.
- Se sienten incluidas en una magnífica búsqueda humana.
- Creen que la evolución de la conciencia es real y que vale la pena perseguirla.
- Creen que pueden encontrar una visión noble y empezar a vivir de acuerdo con ella.

Estas cosas representan la sabiduría como experiencia personal, más que como palabras en un libro, por muy sagrado que sea el texto. La espiritualidad actual abarca a un gran número de personas que han probado la trascendencia en esos momentos en los que el velo del yo-ego cae y la realidad se aprecia sin la interferencia del ego, la memoria y los viejos condicionamientos.

De mi propia infancia recuerdo a las mujeres reunidas en la casa de mi abuela en Delhi, a menudo acompañadas por un pequeño armonio sibilante, y las voces de familiares y amigos alzadas para alabar a Dios con las palabras de queridos poetas místicos como Kabir y Mirabai. Los versos expresan el más puro anhelo imaginable, como cuando Mirabai canta:

Llévame a ese lugar donde nadie puede ir
Donde la muerte tiene miedo
Y los cisnes se posan para jugar
En el lago desbordante del amor.
Allí se reúnen los fieles
Siempre fieles a su Señor.

Hoy, siglos después, los buscadores espirituales que uno encuentra varían enormemente: estudiantes y practicantes de yoga, meditadores de todo tipo, junguianos criados en los años cincuenta, librepensadores y *flower children* de los años sesenta, seguidores de maestros como J. Krishnamurti y gurús como Paramahansa Yogananda, e incluso teósofos. Los devotos de las religiones organizadas irradian su propia luz y fe. Es una gran carpa.

Por muy esperanzadores que sean los signos y los presagios, este movimiento tan diverso es a veces difícil de descifrar. ¿Dónde están los éxitos de la espiritualidad en un mundo agitado? No parece que haya muchas incursiones en el pensamiento político o social ortodoxo. Pero como movimiento de base, la espiritualidad personal es poderosa. Lo vemos claramente en el idealismo insaciable de millones de personas que coquetean con el encanto de la sabiduría o se sumergen en ella con más profundidad.

Al ser intemporal, el camino de la sabiduría está siempre abierto. Francamente, no veo una alternativa para nuestro anhelo espiritual. Así que, sea cual sea la transformación de la escena espiritual dentro de 30 años, en este momento la búsqueda personal y el camino interior son el movimiento más viable que tenemos, y merece ser considerado en sus propios términos, sin etiquetas.

Mientras reflexionaba sobre este epílogo, hojeé *The Soul in Love*, un libro de traducciones de poesía que me impulsó a escribir a partir de mi pasión por Rumi, Kabir y Mirabai. El Yoga es potente en su conocimiento, pero la poesía le canta al corazón. La sabiduría no necesita de un espectáculo exterior, porque nada sucede en el exterior. El amor del alma se experimenta cuando vamos a un lugar inmutable más allá de todos los mundos, bendecidos o atribulados.

El futuro es una ilusión que nace cuando la mente pierde su fuente intemporal. En esa luz, la voz de lo intemporal muestra el camino de la sabiduría. Rumi, como siempre, lo expresa con exquisita belleza:

> Solo de vez en cuando me levanto de repente de mis sueños para oler una extraña fragancia. Viene en el viento del sur, un vago indicio que me hace doler de anhelo, como el aliento ansioso del verano que quiere completarse. No sabía que estaba tan cerca, ni que era mía, esta dulzura perfecta que florece en lo más profundo de mi corazón.

AGRADECIMIENTOS

Este libro tiene la particularidad de haber sido escrito durante el encierro por la pandemia que comenzó en la primavera de 2020. Esa experiencia hizo aflorar dos necesidades que influyeron profundamente en mi escritura. La primera fue la necesidad de apoyo. Permítanme expresar mi gratitud por todo el apoyo que recibió este proyecto, por muy aisladas que fueran las circunstancias. Como siempre, siento un profundo agradecimiento con mi editor Gary Jansen, que nunca flaqueó en su inteligente y perspicaz colaboración conmigo.

También agradezco el apoyo de todos los que trabajan en Harmony Books, empezando por Diana Baroni: en el mercado del libro actual, Diana me ha guiado a través de los posibles escollos y me ha señalado nuevas oportunidades con su aguda perspicacia y su sagaz toma de decisiones. Gracias también a todo el equipo de Harmony, incluidas Tammy Blake, Christina Foxley, Marysarah Quinn, Patricia Shaw, Jessie Bright, Sarah Horgan, Michele Eniclerico, Heather Williamson, Jennifer Wang y Anna Bauer.

La segunda necesidad durante el encierro fue la de mantener los valores que dan sentido y propósito a la vida a pesar de los reveses en tiempos difíciles. Mi sentido del amor y del cuidado se lo debo todo a mi mujer, Rita, y a nuestra extensa familia de hijos y nietos. Gracias por hacer de este viaje una empresa compartida que nos enriquece a todos.

ÍNDICE ANALÍTICO

abundancia, 20, 23, 85-108
adquirir una actitud de, 88, 89
el desarrollo de la plenitud y, 95-98
encontrar la conciencia simple, 94-95
evaluar tu punto de partida con, 89-94
la vida real y, 99-107
modelos japoneses e hindúes de, 96-98
poner en primer lugar la realización y, 99
prosperar *versus* sobrevivir y, 88
siete dones de la inteligencia creativa y, 111, 112
aburrimiento, 58, 77, 78, 157, 167, 217
volver a la conciencia simple desde, 77, 78
abusar de otras personas, 67
actividad exitosa, 111, 114, 211, 212
actividad y expresión creativa, 95, 100, 226, 227

actividades cotidianas:
realizar las, sin tener en cuenta los frutos de la acción, 247
tareas desafiantes, 53, 54
adaptabilidad de los trabajadores, 45
adicciones, 245, 246
aferrarse, 203-205
afluencia interior, 98, 186, 258
"ahí fuera" el mundo, 11, 12, 30, 103, 211, 212, 224, 271
"aquí dentro" y, 99, 103, 104, 214
Ahimsa, 198
ahorro de dinero, 50
para la jubilación, 50, 51
alegría, 123, 223, 277
revivir la experiencia de, 209
alma (verdadero yo), 26-30, 41, 48, 107, 108, 170, 176, 282
conciencia simple y conexión con el, 74, 75
lectura del perfil de (cuestionario), 27-30

relaciones que funcionan al nivel
del, 177, 179, 180
ser fiel a uno mismo y, 70
utilizar el sistema de chakras
para acercarte al, 119, 120
amor, 20, 22, 24, 27, 63, 114, 119,
185, 197
Ananda, 123-125, 271
Anandamaya kosha, 271
ansiedad, 38, 49, 67, 77, 94, 171,
178, 187, 199-201, 246, 261, 275
antojos, 234, 235, 245, 246
apoyo, dar y recibir, 54
aprobación de los demás, 95
Artha, 12, 97, 98
atacando, 198, 204
atención sanitaria, costo de la, 51, 52
atención, ley de la, 102
autenticidad, 163, 170
autoestima, 21, 48, 67, 70, 93, 281
autoritarismo, 154, 155
autosuficiencia, 69
avanzar, oportunidades en el trabajo
para, 55, 56

Berchtold, Marianne (conocida en la
infancia como Nannerl), 221, 222
Bernstein, Leonard, 33
Bhagavad-gita, 128, 145, 247
bilocación, 268
Blake, William, 277
Brihadaranyaka Upanishad, 197
budismo, 43, 164, 198, 238

cambio:
estancamiento en las relaciones
y, 250, 251

imposible sin conciencia, 52, 73
percepciones repentinas y, 73,
74
señales del dharma y, 73
Campbell, Joseph, 125-127
campos, 125, 129, 145, 146, 277,
278
carencia, actitud de, 88, 89, 91-94,
99, 101
creencias sobre la vida real y,
100-102
castigo, 200
catolicismo romano, 267
causa y efecto, conexión entre, 31
centrarse en uno mismo, 77
cerebro humano, 62
chakra corona (séptimo chakra),
113, 114, 123-133, 209, 210
activación, 131-135
meditación con mantras y,
114-117
meditación intencional en,
117-120
pensamiento para centrarte en,
117
chakra de la frente / tercer ojo (sexto
chakra), 113, 114, 135-162
activación, 158-162
meditación con mantras y,
114-117
meditación intencional en,
117-120
pensamiento para centrarte en,
117
chakra de la garganta (quinto
chakra), 113-183
activación, 181-183

meditación con mantras y,
114-117
meditación intencional en,
117-120
pensamiento para centrarte en,
117
chakra del corazón (cuarto chakra),
113-116, 185-210
activación, 208-210
meditación con mantras y,
114-117
meditación intencional en,
117-120
pensamiento para centrarte en,
117
chakra del plexo solar (tercer
chakra), 114, 115, 118, 211-232
activación, 230-232
meditación con mantras y,
114-117
meditación intencional en,
117-120
pensamiento para centrarte en,
117
chakra del sacro (segundo chakra),
113, 114, 116, 118, 233-258
activación, 255-258
meditación con mantras y,
114-117
meditación intencional en,
117-120
pensamiento para centrarte en,
117
chakra raíz (primer chakra), 13, 114,
116, 118, 259-280
activación, 278-280

meditación con mantras y,
114-117
meditación intencional en,
117-120
pensamiento para centrarte en,
117
chakras, sistema de, 111-121
evolución o crecimiento interior
sobre, 120, 121
meditación básica sobre
(meditación con mantras),
114-117
meditación intencional
sobre (meditación sobre
pensamientos que te centran),
117-120
cinco sentidos, 233, 234, 245
comer en exceso, 33, 34
compañeros de trabajo, relaciones
con, 47, 52, 53
compasión, 70, 143, 186, 197, 236
competencia, 201
complejo de superioridad mutuo,
251
comportamiento inconsciente,
25, 30, 33, 34, 38, 64, 65, 172,
176, 218
conciencia de la dicha, 38, 125, 127,
132, 133, 135, 136, 186, 190,
212-215, 224, 234
"sigue tu dicha" y, 45, 108,
125-127, 165, 235
visualización de, 209, 210
conciencia, 22, 128
cambio no es posible sin, 51,
52, 73
camino de, en el budismo, 43

centrarse en, 70, 71

cómo se ve el dinero y, 20

controlar el cuerpo después de la
muerte y, 267

de las preocupaciones por el
dinero, 37, 38

del universo, 268, 269

dinero como herramienta de,
20-22

emociones negativas
desactivadas por, 81, 82

evolución de, 62-66, 68, 70, 71

más profundo, alma o verdadero
yo y, 26, 27

pensadores profundos y, 76

poder de la conciencia y, 21, 22

súbita, percepciones que
cambian la vida y, 73, 74

vivir en la superficie de, 25

Yoga como ciencia de, 19, 25

conciencia de uno mismo, 187, 217,
218, 221, 223, 231, 232, 276

cambio de patrones kármicos y,
38, 39, 41, 42

cuestiones de dinero y, 37, 38

leer el perfil de tu alma y, 26-30

conciencia simple, 73-83, 119, 247

como silencio entre dos
pensamientos, 74-76

encontrar tu abundancia y,
94, 95

intenciones de la, 202, 203

retirar el arco y, 75, 76

sentimiento de, 75, 76, 215

ser testigo, desapego y no-hacer
como aspectos de, 217-221

volver a la, 76-83

confianza, 79, 80, 106, 163, 164,
180, 181, 201, 208

en la inteligencia creativa, 220

en las relaciones, 177, 241, 244

en los compañeros de trabajo y
en los superiores, 52-54

en que encontrarás la solución,
39, 40

en tu intuición, 137, 138, 162

en tus respuestas emocionales,
189, 190, 194, 195

conformismo, 101, 228

pensar por uno mismo *versus*,
149, 150

conocimiento, 135-137, 145, 146,
158, 235

concepto de Sócrates del, 146

directo, 158, 159

consumismo, 88

control, 204, 206

cooperación, 69, 205

cosas malas, karma y, 31

covid-19, pandemia de, 50, 102, 281

creación, 64, 65

crecimiento personal, 227-229

creencias:

actitud de abundancia *versus*
actitud de carencia y, 93, 94

inconsciente, 68, 149, 150

núcleo, traición, 67

sobre la vida real, 99-102

creencias negativas, 78-80

investigación de las raíces de las,
79, 82

cualidad física del cuerpo,
comodidad con la, 263-265

cuidar a los demás, 54, 55

culpa, transmisión de la, 203
culpar, 25, 26, 31, 47, 69, 95, 174, 175, 187, 201, 203, 204
    en la relación, 178-180, 250, 252, 253
culturas empresariales, 55, 56

Dalái Lama, 267
darwinianos, 270
dejar de estorbarte, 267
depresión, 77, 171, 186, 187
desapego, 14, 19, 161, 180, 218-221
deseo(s), 22, 233-238
    antojos y adicciones contra, 234, 235, 245, 246
    arraigadas en los sentidos, 234
    del ego, 234-236
    dichoso, 234-236
    necesidad *versus*, 236-238
    relaciones y; *véase también* relaciones
    verdades más profundas sobre el, 246
deshonestidad, 25, 67
deuda emocional, 200-202
    descargar la, y volver a la conciencia simple, 80-83
    orígenes de la, 200, 201
    perdonar la, 202
Dharana, 230
dharma, 20, 23-30, 43, 87, 97
    alma o el verdadero yo y, 26-30
    condiciones adecuadas para, 105, 106
    condiciones erróneas para, 106, 107

construir una visión que se apoye en, 24
deseo apoyado por, 236, 237
mejor camino para ti y el, 23, 24, 26
problemas causados por saber demasiado poco sobre, 25, 26
próximo cambio señalado por, 73
relaciones y, 36, 137, 248, 249
vida moderna no está de acuerdo con, 24, 25
Dhyana, 230
dicha, 95, 101, 114, 123
    deseo y, 234-236, 246-248
    placer contra, 245, 246
    sensaciones placenteras desconectadas de, 245, 246
    Tierra como cuerpo de, 271
dinero:
    "el dinero vendrá" y, 11-13
    anhelado y temido, 41, 42
    como fin en sí mismo, 66
    como herramienta de la conciencia, 20, 21
    cuatro cosas logradas por el, 20, 21
    el salario y, 48
    entropía y, 66-68
    evolución de la conciencia y, 64, 65
    fantasear con, 14, 66
    generosidad de espíritu y, 19, 20
    hacer las cosas bien y el, 69-71
    orígenes del, 20, 21
    preocupación por, 12, 35-39, 41, 48

realización y, 88, 98
seguridad financiera y, 35, 49,
     50, 87, 93
Dios, 281, 282
discurso, 163-165
     derecho, 164, 165
doble vínculo, 41-43
doctorado, como profesión, 45,
     47, 58
dominación, 198, 204, 205
dones y talentos, 203, 217

Edison, Thomas, 228
ego, 55, 70, 190, 221, 283
     agenda del, 130, 131, 234-236
     deseos del, 234-236
     estancamiento en las relaciones
          y, 248-250, 252, 254
     fantasías del, 249-252
     inseguridad y necesidad del,
          170, 171, 236
     mensajes del alma y, 27
     Mente 1, 2 y 3 y, 275-278
     mentiras mágicas del, 170-173
     pensamiento automático y,
          150-152, 154, 155
     ser escuchado y, 53
     tácticas del, 218, 219
egoísmo, 26, 67, 95, 101, 197, 221,
     248, 249
Einstein, Albert, 63, 72, 127,
     150, 173
elecciones de "esto o aquello", 130
elocuencia, 163
emociones, 185-210
     asumir la responsabilidad de,
          95, 207, 208

comportamientos animales y,
     196
evolución de, 190, 191, 196-199
fuerte, transmitirlo y, 203-208
propósito de, 197
empatía, 25, 27, 54, 185, 186
empoderamiento personal, 114
enfermedad de alzhéimer, 51-52, 54
enraizarte, 259-266
     elecciones de estilo de vida y,
          256
     evaluar tu nivel de, 263, 264
entropía, 64-68
     cómo nos equivocamos con el
          dinero y, 66-68
     evolución *versus*, 64, 225
     inteligencia creativa *versus*,
          65, 66
     inversión, 225, 226
escenario espiritual actual, 281-285
escucha, estancamientos en las
     relaciones y, 250
estancamiento, 77-83
     creencias negativas y, 78-80
     en el no, 253, 254
     malos recuerdos y, 80-83
estrés, 25, 54, 59, 60, 77, 142, 205,
     216, 219, 220, 225, 245, 278, 279
     en el trabajo, 46, 48, 49, 52
     reducir el, 225, 226
estudio de la mente completa,
     138-141
ética laboral, 70
etiquetas *buenas* y *malas*, 170
evolución, 120, 121
     de la conciencia, 63-66, 68,
          70, 71

emocional, 190, 191, 195-199
inteligencia creativa y, 111,
112, 121
personal, 224
exceso, problemas de, 245, 246
éxito, 163, 164, 247
mitología del, 216
expresión de uno mismo, 115, 163,
164, 181

falta de atención como obstáculo
para tu Sankalpa, 107
fantasías, 69, 88, 194, 238,
255, 256
relaciones paralizadas por,
249-252
sobre el dinero, 13, 14, 66
felicidad, 67, 68, 185, 186
aplazamiento de la, 70
estancamiento en las relaciones
y, 250, 251
revivir la experiencia de, 209
filosofía perenne, 282, 283
Ford, Henry, 56, 57
fracasos, 93, 247
frases de "Yo quiero", 202
Freud, Sigmund, 188, 196
fuego, la creatividad de los
homínidos y, 62
fuerza de voluntad, 171
futuro, 172, 277
como ilusión, 285
financiera, 36, 50
inteligencia creativa y, 72

generosidad de espíritu, 14, 19, 20,
23, 87, 95

gran recesión de 2008, 50
Gueshe Gyatso, 267

hábitos, 33-35, 38, 71, 218
creencias negativas o
autodestructivas y, 78-80
hacer muchas cosas a la vez, 48,
227, 265
hatha yoga, 13, 14, 133
hinduismo, 32
hogar, trabajar desde, 57
hologramas mentales, 173
Hunt, H. L., 89
Huxley, Aldous, 172, 282

Ikigai, 96, 97
imaginación, 104, 135, 136,
158, 208
impotencia, sensación de, 212
inconsciente, elegir ser, 145
inercia, 71
Infancia, la:
conductas y fantasías remanentes
de, 205, 250, 251
desarrollo en, 71, 72
deudas emocionales de, 201
niño interior y, 190-195
instinto asesino, 68
integridad, 123, 128, 129, 233
inteligencia creativa, 61-72, 235,
236, 247
alinearse con, en el trabajo, 47
conciencia simple y la,
218-221
conseguir el dinero justo y,
69-71
dejar de estorbar a la, 203

desarrollo infantil como metáfora de, 71, 72
domar y utilizar el fuego y, 61, 62
emociones y la, 186, 202, 207, 208
entropía *versus*, 66
evolución de la conciencia y, 63-66
evolución y, 120, 121
expandir tus posibilidades y, 227-229
final del juego de pasar la culpa y, 207, 208
meditación intencional y la, 117-120
mejorar las relaciones y, 252-254
permanecer cerca de la fuente y, 226, 227
relaciones y la, 250
ser testigo y, 217, 218
siete dones de la, 111, 112
sistema de chakras y, 113, 114
inteligencia emocional, 185
inteligencia, 111, 114, 136, 137
véase también inteligencia creativa
intención(es):
de la conciencia simple, 202, 203
ley de la, 103
mala, unida a una emoción negativa, 199
Samyama e, 230, 231
Sankalpa e, 103-107
intercambio, 20, 21

intimidación o acoso, 200, 205
intuición, 208
activar el chakra de la frente / tercer ojo y la, 158-162
conocimiento directo y la, 158
"pide y recibirás" y la, 160-162
visión a distancia y la, 159, 160
ira, 77, 198-200
atacar e, 204

Japón:
concepto de Ikigai en, 96, 97
deterioro de la práctica empresarial en, 49, 50
juego de suma cero, 251
jubilación, 12, 13, 67
ahorro para, 50, 51
planes de pensiones y, 49, 52
juicios, celebración, 251, 252

Kabir, 284, 285
Kama, 97
karma, 33, 186
cambio, 35, 38
como obstáculo para tu Sankalpa, 107
como resultado remanente de nuestras acciones pasadas, 31
patrones repetidos y, 175, 176
utilidad de, 33, 34
karma del dinero, 30-43, 107
doble vínculo y, 41-43
evaluando el, 35-38
mejorar el, 38-41
Krishna, Señor, 128, 129, 145, 146
Kumar, Anoop, 275

Lawrence, D. H., 146

malos recuerdos, descarga de la
deuda emocional de, 80-83
manipulación, 190, 201, 204, 206
mantras de semillas, 115
Marley, Bob, 20
materialismo, 43, 98
McDonald's, 112
meditación, 76, 114-120, 169, 226,
227, 262, 265, 274, 276
con mantra, 114-117
efectos negativos de la
sobrecarga sanados por la,
219
estado espiritual de thukdam y,
267
intencional, 117-120
pensamientos para centrarte,
117
Samyama y, 230-232
mejorar tu historia, 173-176,
181-183
mentalidad, 138-145
evadir, 141-145
lógica / racional versus intuitiva /
creativa, 138-141
Mente 1, 2 y 3, 275-278
mente:
activa, 129, 130, 227, 228,
275, 276
inconsciente, 119, 190
intuitiva / creativa, 139-141
lógica / racional, 139-141
sobre la materia, 266, 267
tranquila, 75, 94, 231, 262, 276
mentiras mágicas, 170-173

Mesopotamia, orígenes del dinero
en, 20, 21
miedo:
a la pérdida, 42
a la pobreza, 66, 67
mindfulness, 238
Mirabai, 284, 285
Moksha, 97
momentos "¡ajá!", 22, 28, 41,
74, 271
movilidad ascendente, 56
Mozart, Wolfgang Amadeus, 33, 127,
221-223, 228
muerte, conciencia que permanece
en el cuerpo a pesar de, 267
mundo "aquí dentro", 11, 12, 30, 31
"ahí fuera" y, 99, 104, 214, 268
mundo natural, apreciar el, 227, 232

narcisismo, 250, 251
necesidad(es), 20, 21
de la vida, 239-241
deseos versus, 236-238
evaluar la satisfacción de tus
necesidades, 239-245
negación, 38, 40, 88, 94, 189
niño interior, 190-195
evaluación, 191-195
niños:
"buenos" o "malos", 170
ira de los padres contra,
198, 199
Nisargadatta Maharaj, 128
no:
cómo la gente se atora en el,
253-254
girar hacia el sí, 252, 253

"No soy suficiente", 129-131, 182, 221, 223
   agenda del ego y, 130, 131
   ejercicio de visualización y, 182
   mejorar tu historia y, 173, 175
no hacer, 220
números como construcción humana, 63

ofender, 67
opciones, reducir a unas pocas manejables, 113

parto, 61
pasado:
   creencias negativas del, 78-80
   malos recuerdos y estar atrapado en el, 80-83
pasar la culpa, 203-208
   fin del juego de, 206, 207
   táctica de, 203-206
pecado, la vida sensata equiparada con, 245
pensadores:
   conscientes, 147-150
   profundos, 76
pensamiento automático, 150-156
   agenda social y, 152-155
   ego y, 150-152, 155
pensamiento:
   de nosotros contra ellos, 251, 252
   ilusorio, 38, 40, 88, 102
   mágico, 104
   que te centra, meditar en (meditación intencional), 117-120

pensar por uno mismo, 147-150
pequeños negocios, 50
percepción, 208
   súbita, que cambia la vida, 73, 74
   visión distante y, 159, 160
pesimismo, 38, 93, 174
"pide y recibirás", 160-162
placer versus dicha, 245, 246
planes de jubilación, 49, 52
pobreza, 14, 23
   emocional, 187, 188
   miedo a, 66, 67
poder personal, 211-213
   estar en la zona y, 213-215, 218
   no estar en la zona y, 216, 217
posibilidad creativa, 22
posibilidades, infinito, 14, 15, 112, 172, 223, 227-229
Pranayama, 77
predisposiciones, 33
preocupación, 35, 48, 95, 112, 187, 189, 200, 201, 247, 257, 258, 265
   sobre la seguridad en el trabajo, 49
   sobre el dinero, 12, 36-39, 41, 48
presión en el trabajo, 48, 49
programación del tiempo, 58, 59
programación social, 153-156
prosperar versus sobrevivir, 88
psicoterapia, 186, 187

rasgos de carácter, 33
reacciones y reflejos automáticos, 33
realidad correcta, 266

realización, 94-99, 103, 107, 121,
    164, 167, 189, 213, 233, 238, 257
    actitud de abundancia y, 87-89,
        94
    compartida, relaciones y, 248
    del deseo, 210, 247, 255
    desarrollo de, 95-98
    poner en primer lugar la,
        99, 100
    reacción corporal a la, 271
    tácticas para sortear la falta de,
        88
recuerdos:
    de los fracasos del pasado, 93
    malos, descargando la deuda
        emocional de los, 80-83
reencarnación, 32
relaciones, 108, 152, 173, 176, 203,
    225, 248-254
    cambio creativo en, 252-254
    cinco fantasías que paralizan las,
        249 252
    comunicación y, 164, 168,
        177-181
    cuestionario sobre las
        necesidades en las, 241-244
    descarga de la deuda emocional
        de las, 80, 81
    dharma y, 136, 137, 248, 249
    punto de vista transaccional en
        las, 98
    responsabilidad para mejorar
        las, 252
    visualización para mejorar las,
        182, 183
religión organizada, 283
repetición:

antojos y adicciones y, 245,
    246
    karma y, 41, 42, 176
    volver a la conciencia simple de
        la, 76, 77
respiración controlada o vagal, 77,
    78, 81
responsabilidad, tomar la, 69
    de tus propios sentimientos,
        207, 208
retirar el arco, 76
retos creativos en el trabajo, 53, 54
riqueza emocional, 189
riqueza:
    estar en tu dharma como clave
        para la, 23, 24, 26
    medir la, 20
Rumi, 285

sabiduría, 26, 27, 129, 146
    anatomía de la, 156, 157
    del corazón, 186
    necesidad de, 281, 282
salario, 48
Samadhi, 230, 231
Samyama, 230-232
sanación emocional, 187, 190
Sankalpa, 103-107
Schubert, Franz, 228
seguridad financiera, 36, 50, 87, 93
    autosuficiencia y, 69
seguridad y protección, sentido de,
    111, 114, 259
sensualidad, 111, 233, 234,
    245, 246
señales de que no estás en la, 216,
    217

ser escuchado, 46, 53, 166, 167, 177, 250
ser testigo, 217, 218, 221
sexualidad, 111, 196, 197, 233, 234
Shakespeare, William, 42, 127, 156, 196
Shakti, 272-278
    Mente 1, 2 y 3 y, 275-278
sí, convertir el no en, 252, 253
siddhis, 268
"sigue tu felicidad" 45, 108, 125-127, 165, 235
simpatía, 39, 55, 95, 175, 179, 195
sincronización, 272-275
sistema:
    inmunológico, 270
    nervioso central, 219, 272
    nervioso involuntario, 218, 219, 265
    nervioso voluntario, 219, 220
sobrevivir *versus* prosperar, 88
Sócrates, 146
sofistas, 146
sonreír por dentro, 256, 257
"soplar el polvo de un espejo", 190
suerte, karma y, 32
superación personal, 27
supervivencia darwiniana, 197
Swarupa, 120

tareas, 226
thukdam, 267
Tierra:
    comienzo de la vida en, 269, 270
    como cuerpo de dicha, 270, 271
    conexión con, 259-265
    enraizamiento de la energía personal con, 279
    evolución de la vida en, 224
    origen de, 64
trabajo, 45-60, 226
    alinearte con la inteligencia creativa en el, 47
    condiciones satisfactorias para el, 46, 47
    desafiar las tareas diarias en el, 57, 58
    el estrés en el, 48, 49
    la cultura de la empresa y el, 56, 57
    la oportunidad de cuidar a los demás y el, 54, 55
    los altos cargos en el, 53, 54
    oportunidades de progreso en el, 55, 56
    programación del tiempo y, 58, 59
    relaciones con los compañeros de trabajo en el, 49, 52, 53
    salario en el, 48
    satisfacción *versus* prosperidad en el, 45
    seguridad laboral y el, 46, 48, 49-52, 57
    ser escuchado en el, 53
    tener un buen desempeño en el, 58, 59
    trabajos más satisfactorios, 45, 46
    traicionar tus creencias fundamentales en el, 67
tradición judeocristiana, 22

traicionar tus creencias
  fundamentales, 67
tu historia, actualización de,
  173-176, 181-183

unidad, 123
universo, 61, 64
  conciencia del, 269
  conexión Shakti con el, 272-278
  origen del, 126, 129
  problema o desafío al que te
    enfrentas actualmente y el,
    161

valores fundamentales:
  ser fiel a, 70
  traición, 67
válvula estabilizadora, 172
védica, tradición, 190
verdadero yo, *ver* alma
victimismo, 69
vida real, 99-107
  creencias sobre la, 100-102
  enfrentarse con atención e
    intención a, 103-107
  propósito de la, 13
violencia, 198, 200
Viscott, David, 199
visión a distancia, 159, 160
visualizaciones:
  de cada evento significativo del
    día, 257, 258
  de la conciencia de la dicha, 261
  de la mente sobre la materia,
    266

de la sensación de felicidad, 209,
  210
de la situación que funciona
  bien, 182, 183
de luz blanca llenando tu pecho,
  82, 83
de luz dorada llenando tu
  cuerpo, 280
de rayo de luz blanca viajando
  por tu columna vertebral y
  hacia la tierra, 279
de un obstáculo, 182

"Yo soy suficiente", 96, 127-129,
  170, 173, 221
  ejercicio de visualización y, 181,
    182
  mejorar tu historia y, 175, 176,
    181
Yoga:
  cuando el principio y el final del
    proceso se unen, 234
  el uso de Chopra de los términos
    Yoga y *yoga*, 13, 14
  formulación de, 63
  propósito de, 11-14
  significado de la palabra *yoga*, 11
  visión del, 223

zona, la, 213-221
  estar en, 213, 214, 218, 219
  poseer la, 215, 216
  prestar atención a ser testigo,
    soltar y no-hacer y la, 217-221